Francis Ray Hoff

Wildküche im Freien

FRANCIS RAY HOFF

Wildküche im Freien

KOSMOS

INHALT

NATURERLEBNIS & GAUMENFREUDEN

Ein Jagdtag oder ein Tag an einem Fischwasser kann nicht allein an Streckenzahlen und Stangenlängen oder Fanggewicht gemessen werden. Es gehört viel mehr dazu: die Kulisse, die Gerüche, die Balz der Singvögel im Frühling, der Fischotter und der Eisvogel, die Schwammerl und der Holunder, die Kräuter und Beeren der Berge und letztlich auch eine gesellige Runde in der Hütte. Natürlich freut man sich über einen starken Rehbock im Rucksack oder eine fette Bachforelle im Kescher, aber man kann sich auch über den Anblick von einem starken Hirsch freuen, der ein Jahr zu jung ist und geschont werden soll, oder eine steigende Äsche, die doch zu schlau war, um die Fliege zu nehmen, und wahrscheinlich auch über den Kontrast zum beruflichen Alltag – Natur pur statt Büromief oder Werkstattlärm. Man will aber vor allem Beute machen und der Sinn der Sache ist nicht das, was nachher an der Wand hängt, sondern was in die Pfanne kommt. Also, Medaillen und Rekorde am besten vergessen! Ein guter Küchenbock ist ein junger, kein alter, was immer er aufhat, ein dreipfundiger Karpfen schmeckt allemal besser als ein Dreißigpfunder und beide schmecken besser am offenen Feuer als zu Hause in der Stube.

Selbsterlegtes oder Selbstgefangenes selber zuzubereiten klingt wie das Natürlichste der Welt, aber unsere traditionelle soziale Rollenverteilung hat die Frau dazu verdonnert, über die Küche zu wachen, und wenn es eins gibt, was die Hausfrau in Rage bringt, ist es eine verschmutzte Küche. Na gut, man kann ja auch hinterher sauber machen, aber ein paar Fettspritzer bleiben immer und ein Gulaschtopf ist schnell angebrannt! An einem offenen Feuer allerdings werden die Rollen getauscht, der häusliche Stress entfällt und, wer immer den Kochlöffel schwingt, die Kochdüfte mischen sich mit den Gerüchen der Natur und jeder kann sich über die Landschaft im Hintergrund freuen. Jagderfolg und Petriheil feiert man am besten mit der Beute in der Pfanne und wo besser als im Revier oder direkt am Ufer?

Für die meisten Leute bedeutet Kochen im Freien, Würstchen oder Koteletts über Holzkohle zu grillen. Ein Steckerlfisch oder ein Wildbretsteak über Glut gegart ist was Köstliches, aber Grillen ist nicht die einzige Möglichkeit, seine Beute im Freien zuzubereiten. Man kann genauso gut über einem Sud dämpfen, in einer Brühe garen, in einer Pfanne oder im Wok braten, im Topf und Kessel dünsten oder

auch räuchern. Man braucht nur die richtige Ausrüstung und, zugegeben, auch ein bisschen Übung. Die Kochmethode, die man wählt, wird auch von der Größe des Bratens oder des Fisches abhängen sowie von der Menge der Personen, die satt werden sollen. Einen Lachs von vier Kilo, den man gern im Ganzen zubereiten möchte, wird man langsam in einer doppelten Schicht Folie grillen und ein Gulasch für 18 Personen im Kessel über einem Holzfeuer zubereiten.

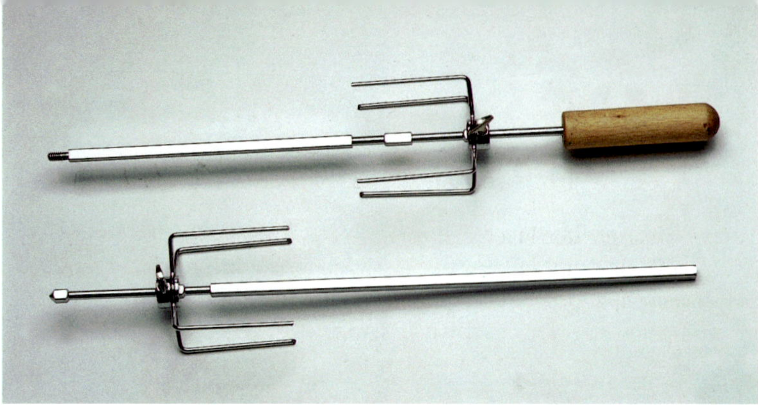

HIER SIND ZWEI TYPISCHE GRILLSPIESSE ABGEBILDET.

Empfehlung

Fleisch oder Fisch dürfen nie direkt über das Feuer gehängt werden, damit kein Fett in die Flamme tropft. Achten Sie also bitte darauf, dass Ihr Grillgut *vor* dem Feuer hängt.

GRILLSPIESSE

Die einfachste Kochmethode ist ein Stück Fleisch oder einen Fisch zu grillen. Nur die romantische Hollywood-Methode, wo der Trapper in der Wildnis einen Hasen über einem flammenden Feuer brät, funktioniert einfach nicht. Der Fisch oder das Wildbret muss *vor* dem Feuer und nicht darüber hängen, damit das abtropfende Fett nicht ins Feuer fällt, sondern in einen Bräter, den man darunter stellt. Außerdem muss das Kochgut am Spieß so befestigt werden, dass man es drehen kann, damit es von allen Seiten eine gleichmäßige Hitze abkriegt. Spieße mit solchen Befestigungen bekommt man in jedem Geschäft, das Grillzubehör anbietet.

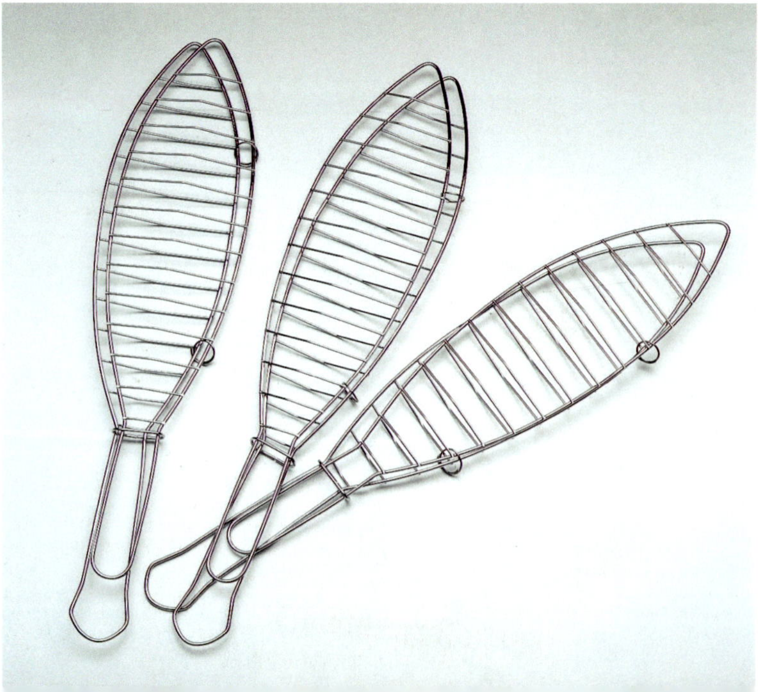

GRILLGITTER FÜR FISCH GIBT ES IN DEN VERSCHIEDENSTEN GRÖSSEN.

GRILLGITTER FÜR FISCHE

So gut ein gegrillter Fisch schmeckt – die Haut hat die Eigenschaft, am Rost kleben zu bleiben, mit dem Ergebnis, dass er auseinander fällt. Deswegen gibt es Grillformen in allen Größen, die das Wenden vereinfachen und den Fisch zusammenhalten.

BRATPFANNEN

Mit einer Pfanne kann man Fisch und Fleisch auf einfache Art mit einem dazu passenden Gemüse zubereiten. Allerdings haben größere Blechpfannen den Nachteil, dass sie sich bei starker Hitze in der Mitte nach oben wölben. Dadurch rinnt das Bratfett an den Rand und das Kochgut brennt in der Mitte an. Zum Kochen im Freien lohnt es sich also, eine größere Gusseisenpfanne zu besorgen, die sich nicht biegt. Gusseisen bewirkt auch eine maximale Hitzeverteilung und dadurch auch ein gleichmäßiges Bratergebnis. Bei einer kleineren Pfanne ist die Gefahr, dass sie sich wölbt, allerdings nicht so groß. Die Bratpfannen kann man zum Teil direkt auf die Glut stellen, auf einen Rost oder am besten auf ein Dreibein.

Empfehlung

Schaffen Sie sich für das Braten im Freien eine Bratpfanne aus Gusseisen an. Diese Pfannen verbiegen sich nicht und verteilen die Hitze optimal.

DER DUTCH OVEN KOMMT AUS DEN VEREINIGTEN STAATEN VON AMERIKA.

DUTCH OVEN

Empfehlung

Der Dutch Oven ist das perfekte Gerät für das Kochen im Freien. Er hat eine optimale Hitzeverteilung bei relativ geringem Energieverbrauch.

Das wichtigste Gerät zum Kochen im Freien ist ein Dutch Oven, den es inzwischen auch bei uns zu kaufen gibt. Damit kann man dämpfen, dünsten, braten, backen, frittieren und ihn sogar auch wie eine Bratpfanne benutzen. In den USA ist Dutch Oven Cookery Kult und es gibt Ovens, die von Generation zu Generation vererbt wurden, seit der Siedlerzeit des Wilden Westens! Es sind gusseiserne Töpfe mit drei Füßchen und einem Deckel mit Rand, sodass Grillkohle darunter geschoben werden und auf den Deckel gelegt werden kann. Dadurch bekommt der Topf Hitze sowohl von oben als auch von unten. Durch das Material wird eine perfekte Hitzeverteilung erreicht und ein erstaunlich niedriger Verbrauch an Kohlebriketts. Man kann auch mit Holzkohle oder -glut arbeiten, aber Briketts geben eine stärkere Hitze ab und sind als gleichmäßige Hitzeeinheiten mengenmäßig leichter zu kalkulieren.

Dutch Ovens sind in allen Größen mit dem Durchmesser in Inches oder Zoll markiert und die Faustregel für die Zahl der Briketts, die benötigt werden ist: unter dem Topf drei weniger als der Durchmesser und auf dem Deckel drei mehr als der Durchmesser. Bei einem 10-Inch-Dutch-Oven würde das z. B. bedeuten: sieben darunter und 13 auf dem Deckel. Wenn man noch nie mit einem Dutch Oven gearbeitet hat, tendiert man dazu, die Wirkung der Kohlebriketts zu unterschätzen. Bei meinem ersten Versuch habe ich noch zusätzliches Holz dazugegeben – mit dem Ergebnis, dass ein wunderschöner

Schweinebraten in 15 Minuten total eingeäschert wurde! Als zusätzliche Ausrüstung braucht man allerdings einen Heber für den Deckel, den man sonst kaum abnehmen kann, den Ständer für den Deckel und eine Zange für die glühenden Briketts.

WOK

Ein Wok ist schon durch seine gewölbte Form für das Kochen auf offenem Feuer prädestiniert, und da die asiatische Küche immer populärer wird und die Zutaten inzwischen überall erhältlich sind, habe ich auch einige Wokrezepte ausprobiert. Man kann sicherlich auch einige der Rezepte für Pfannengerichte im Wok zubereiten, muss aber berücksichtigen, dass ein Wok für kleinere Mengen gedacht ist und dass man mehrere Portionen in mehreren Durchgängen zubereiten muss.

AUS ASIEN STAMMT DER WOK, DER SICH HERVORRAGEND FÜR DAS KOCHEN AUF OFFENEM FEUER EIGNET

Empfehlung

Aluminium und rostfreier Stahl sind Materialien, die sich über offenem Feuer verziehen. Daher sollten Sie auch bei Kesseln darauf achten, dass sie aus Gusseisen hergestellt sind.

KESSEL

Ein Dreibein mit einem Kessel über einem Holzfeuer ist gerade richtig, um größere Mengen zu verarbeiten. Der Kessel, mit dem ich arbeite, fasst bequem 20 Liter und ist groß genug, um ein Gulasch für 18 Personen zuzubereiten. Der Kessel sollte einen Deckel haben und an einer Kette hängen, damit die Höhe über dem Feuer eingestellt werden kann.

FISCHKESSEL

Auf einem offenem Feuer verzieht sich ein Fischkessel aus Aluminium oder rostfreiem Stahl und geht kaputt. Deswegen ist auch ein Kessel aus Gusseisen das Richtige für das Kochen im Freien. Der Fischkessel, der hier abgebildet ist und einen flachen Deckel hat, auf den Kohle gelegt werden kann, lässt sich auch als Dutch Oven benutzen, z. B. um eine Keule zu braten. Die Innenseite des Deckels dient gleichzeitig als Servierplatte, die lange warm hält. Hier sollte man vielleicht auch erwähnen, dass man einen Süßwasserfisch, im Gegensatz zu einem Meeresfisch, nach dem Fang 24 Stunden stehen lassen sollte, wenn er sich geschmacklich richtig entfalten soll! Dann liegt er auch flach in der Pfanne statt sich zu biegen.

LINKS EIN NORMALER KESSEL, RECHTS EIN TYPISCHER FISCHKESSEL

AUCH RÄUCHERÖFEN GIBT ES IN DEN UNTERSCHIEDLICHSTEN AUSFÜHRUNGEN.

RÄUCHEROFEN

Fische zu räuchern ist fast die schmackhafteste Art, sie zuzubereiten, und mit einem kleinen Räucherofen, den man überallhin mitnehmen kann, ist es auch sehr einfach. Der Ofen, der hier abgebildet ist, ist groß genug, um Fische für 6 Personen zu räuchern, und sogar sehr schnell.
Die Fische werden in der Regel für 1 1/2 Stunden eingesalzen, dann gewaschen, trockengetupft und etwa 15 Minuten geräuchert. Die Faustregel heißt 5 Minuten Räucherzeit pro Zentimeter Breite, über dem Rücken gerechnet. Die Zeit wird aber erst ab dem Moment gezählt, wo sich der Deckel warm anfühlt. Das Räuchermehl und -salz kann nach Belieben gewürzt und variiert werden, sodass man seiner Kochkreativität freien Lauf lassen kann. Die Fische entwickeln eine wunderschöne goldbraune Farbe und schmecken warm, lauwarm oder kalt. Mit etwas Meerrettich, Mayonnaise, Rouille oder Taramas (s. S. 63) werden sie dann zu einer Delikatesse.

Empfehlung

Adressen und Bezugsquellen für die hier vorgestellten Geräte finden Sie im Service-Teil auf der Seite 143.

Empfehlung

Bedenken Sie bitte bereits bei der Vorbereitung, dass Ihnen keine komplette Kücheneinrichtung zur Verfügung steht. Vereinfachte Rezepte und beispielsweise Brot als Beilage erleichtern die Sache erheblich.

TRICKS & KNIFFE

Im Freien stehen einem natürlich die gewohnten vier Herdplatten nicht zur Verfügung. Man kann auch schon aus logistischen Gründen nicht mit Dutzenden von Töpfen arbeiten. Also versucht man Fleisch und Gemüse zusammen zuzubereiten und vielfach wird ein würziges Holzofenbrot oder geröstetes Weißbrot als Beilage genügen. Puristen werden vielleicht ihre Fleischbrühe oder den Fischfond selbst herstellen wollen, aber für normale Zwecke kann man ohne weiteres Brühwürfel nehmen und bei Tomatenfleisch genügt es, Pizzatomaten aus der Dose zu verwenden. Bei größeren Mengen Kochgut ist es auch vielfach besser, mit etwas Cayennepfeffer zu würzen, als ewig mit der Mühle zu drehen.

GARZEITEN

Die Garzeiten, die hier angegeben werden, sind die genauen Zeiten, die ich bei der Zubreitung dieser Gerichte notiert habe. Sie sollten jedoch nur als Richtwerte betrachtet werden. Wild variiert in Beschaffenheit nach Alter, Bewegung, Äsung und danach,wie es abgehangen ist. Wildbret von einem Berghirsch wird eine längere Garzeit brauchen als ein Stück aus dem Gatter. Außerdem haben verschiedene Holzarten unterschiedliche Brennwerte und brennen je nach Lagerung und Trockenheit mit verschiedener Hitze. Am besten nimmt man immer gut abgelagertes Buchenholz. Wenn sich allerdings die Möglichkeit ergibt, ist altes Rebenholz das Allerbeste für Grillgerichte. Es brennt mit sehr starker Hitze und die weiße Glut hält besonders lang.

ZUBEHÖR

Wenn man sich die Finger nicht verbrennen will, braucht man unbedingt Grillhandschuhe und bei einem Kessel einen besonders langen Holzlöffel zum Rühren.
Man braucht immer viel Wasser, nicht nur zum Kochen, sondern auch um Geschirr und Hände abzuwaschen. Nehmen Sie also am besten einen Behälter mit Hahn mit. Nach meiner Erfahrung darf außerdem eine Rolle Küchenkrepp nie fehlen, damit man sich immer die Hände abwischen kann.

VON LINKS NACH RECHTS: GRILLHANDSCHUHE, DECKELSTÄNDER, KOHLENZANGE, DECKELHEBER UND DER FEUERHAKEN

GEWÜRZE UND KRÄUTER

Es ist nicht gut, zu viele Gewürze und Kräuter zu mischen. Wenn das Gericht nach Rosmarin schmecken soll, dann sollte man es mit Rosmarin würzen, und wenn es nach Basilikum schmecken soll, mit Basilikum und nicht mit verschiedenen Kräutern. Eine Ausnahme sind Thymian und Majoran, die manchmal zusammen benutzt werden, wie bei Leberwurst. Wenn vorhanden, ist es immer besser, frische Kräuter zu nehmen, aber sie können grundsätzlich durch getrocknete Kräuter ersetzt werden, bis auf Basilikum, das in getrockneter Form wie Heu schmeckt. Wenn wild wachsende Kräuter vorhanden sind, wie z. B. Thymian und Wacholder im Gebirge, dann passen sie immer zum Wild der Region. Die Rezepte in diesem Buch enthalten relativ wenig Knoblauch, weil manche Leute ihn einfach nicht vertragen. Wenn Sie jedoch ein Knoblauchfetischist sind, geben Sie ihn überall dazu, wo Sie es wollen.

FETT & ÖL

Außer wo Olivenöl angesagt ist, sollte man generell ein neutral schmeckendes Öl zum Braten und Anbraten nehmen, z. B. Distelöl. Da die Hitze an einem Holzfeuer nicht so leicht zu steuern ist wie an einem normalen Küchenherd und Butter schnell anbrennt, ist es ratsam, Butterschmalz zu verwenden, das größere Hitze erträgt.

WEIN

Beim Brutzeln am offenen Feuer kann es mächtig heiß werden und ein kühles Bier wird sicherlich das Richtige sein, um den Durst zu löschen, aber wenn man sich zu dem fertigen Fisch- oder Wildessen hinsetzt, darf ein Glas Wein dazu nicht fehlen! Bei diesen Rezepten mache ich auch jeweils einen Weinvorschlag, und da es hier um heimisches Wild und heimischen Fisch geht, werden auch nur heimische Weinsorten genannt. Bis auf die Küstenregionen ist man in Deutschland nie sehr weit von einem der berühmten Weingebiete entfernt und da ist es nie verkehrt den Wein der Region vorzuziehen, der immer gut zu Fisch und Wild der Gegend passt. Die Vorstellung, dass Wildbret einen Rotwein verlangt und Fisch einen Weißwein, trifft allerdings nicht immer zu! In typischen Rieslinggebieten am Rhein hat man schon immer Weißwein zum Wild getrunken und es gibt klassische Rotweingebiete, wie z. B. Chinon und Bourgueil an der Loire, wo man schon immer Forellen in Rotwein zubereitet hat. In den Weingebieten Deutschlands und Österreichs hat man früher fast ausschließlich Weißweine angebaut, aber inzwischen werden auch hier hervorragende Rotweine hergestellt, die man nicht vernachlässigen soll. Es wird manchmal behauptet, dass Weinkenner nur sehr trockene Weine trinken und dass alles andere Zuckerwasser für Omas sei und nichts für ein gestandenes Mannsbild, aber zu einem süßen Dessert kann kein trockener Wein schmecken! Man soll auch Spätlesen und edelsüße Weine genießen zu Gerichten, zu denen sie passen, und haben Sie keine Angst, einen halbtrockenen Wein zu trinken, wenn die Zutaten ebenfalls eine süßliche Note haben.

Empfehlung

Die traditionelle Auffassung, Rotwein zu Wild und Weißwein zu Fisch, muss nicht immer stimmen. Alle Weine einer Region passen auch immer zu Wild und Fisch dieser Region; egal ob rot oder weiß.

WETTER

Beim Kochen auf einem offenen Feuer muss man sich nicht unbedingt auf Sonnenschein beschränken. Bei Sommerhitze ist es schließlich auch angenehmer, im Schatten zu arbeiten. Obwohl die Rehe bei Regen besser ziehen, ist es jedoch lästig, unter einem Schirm zu kochen, und bei Wind gerät Asche in die Pfanne. Aber bei Kälte und Schnee ist ein Feuer sehr willkommen und da kann es sehr gemütlich sein, ein Gulasch oder eine Suppe zuzubereiten. Außerdem – sollte das Wetter überhaupt nicht mitspielen, können die meisten dieser Rezepte auch auf einem normalen Küchenherd zubereitet werden!

SICHERHEIT

Einem Jäger oder Fischer braucht man eigentlich nicht zu sagen, wo es gefährlich ist, Feuer zu machen. Trotzdem: In einem besonders trockenen, heißen Sommer muss man besonders aufpassen und es ist sicherlich ratsam, einen Feuerlöscher dabeizuhaben!

Also, wenn Sie an einem Jagdwochenende zwischen Morgenpirsch und Abendansitz den fehlenden Schlaf nachgeholt haben und Zeit haben oder wenn die Fische gerade nicht beißen, machen Sie Feuer, greifen Sie mal zur Pfanne und brutzeln Sie was Schönes! Wenn Sie gern kochen, werden Sie sicher Ihre eigenen Rezepte haben und die Techniken, die hier beschrieben sind, auch für Ihre eigenen Gerichte anwenden können. Zu jeder Jahreszeit gibt es Fisch- und Wildspezialitäten, die etwas Besonderes sind, wie z. B. im Herbst eine Rehleber mit Steinpilzen und Bratkartoffeln, aber dann müssen die Schwammerl da sein und das Jagdglück muss auch stimmen. Deswegen wünsche ich noch Waidmannsheil und Petri Heil in der Pfanne!

AUS DER PFANNE

JÄGERFRÜHSTÜCK

Wenn die Morgenpirsch Waidmannsheil gebracht hat, ist so ein Frühstück am offenen Feuer die Krönung des Jagderlebnisses.

Für 2 Personen:

1	*kleine Rehleber*
2	*Rehfilets (die echten von unter dem Rückgrat)*
2	*Rehnieren*
100 g	*milder Frühstücksspeck*
100 g	*Champignons*
2 Scheiben	*Brot ohne Kanten*
	Milch
	Salz, Pfeffer aus der Mühle
	Butterschmalz

Die Haut der Nieren abziehen und der Länge nach in drei Scheiben schneiden, die Haut von der Leber entfernen und eine Stunde in Milch einlegen, damit sie nicht zu dunkel wird. Die Champignons putzen, die Leber trocken tupfen und auch in Scheiben schneiden.

Den Speck und das Brot in Butterschmalz anbraten und die Champignons dazugeben. Die Filets, die Leber und dann die Nieren auch dazugeben. Gut pfeffern, von beiden Seiten braten und zum Schluss salzen. Sofort in der Pfanne servieren und dazu einen Grauburgunder trinken.

ENTENPFLANZERL

Am allerbesten schmecken die Pflanzerl, wenn sie in Enten- oder Gänseschmalz gebraten werden.
Für dieses Gericht benötigt man einen Fleischwolf. Die meisten Jagdhütten, die ich kenne verfügen zumindest über ein handbetriebenes Modell. Sonst dürfen Sie den Fleischwolf nicht vergessen.

Für 4 Personen:

1	*gerupfte Stockente*
1	*ungerupfte Stockente*
2 Scheiben	*durchwachsener Räucherspeck*
1 1/2	*gehackte Zwiebeln*
1	*Ei*
2 Scheiben	*Weißbrot ohne Kanten*
	Etwas Milch
1/2 Bund	*gehackte Petersilie*
	getrockneter Majoran
	Salz, Pfeffer aus der Mühle
	Öl & Butterschmalz zum Braten

Das Weißbrot in Würfel schneiden und in etwas Milch einweichen.

Der ungerupften Ente die Haut abziehen, das Fleisch auslösen und in Streifen schneiden. Das Fleisch der zweiten Ente mit der Haut auslösen, auch in Streifen schneiden, zusammen mit dem Fleisch der ersten Ente durch den Fleischwolf drehen und in eine Rührschüssel geben.

Den Speck in Würfel schneiden und zusammen mit dem eingeweichten Weißbrot, dem Ei und der Petersilie dazugeben. Mit Salz, Pfeffer und Majoran würzen, gut vermengen und zu Pflanzerl formen.

Das offene Feuer herunterbrennen lassen, die Pfanne in die Glut stellen und die Pflanzerl in einer Mischung aus Butterschmalz und Öl ausbraten. Dazu passt Bauernbrot mit Butter und Schnittlauch und ein guter Spätburgunder.

WILDSCHWEIN-PFLANZERL

Die Pflanzerl können natürlich auch mit Wildbret von Hirsch oder Gams zubereitet werden.

Für 6 Personen:

500 g	*ausgelöste Wildschweinkeule ohne Sehnen*
250 g	*Schweinefleisch*
125 g	*durchwachsener Räucherspeck*
180 g	*Egerlinge (oder Champignons)*
2	*Zwiebeln*
2	*Eier*
1	*Knoblauchzehe*
1/2 *Bund*	*Petersilie*
	getrockneter Thymian & Majoran
	Salz, Pfeffer aus der Mühle
	ausgelassenes Wildschweinschmalz (oder Schweineschmalz)

Das Schweinefleisch und die Wildschweinkeule durch den Fleischwolf drehen. Den Speck und die Egerlinge in Würfel schneiden, die Zwiebeln und die Petersilie hacken und mit den Eiern zu dem Gehackten geben. Mit gepresstem Knoblauch, Salz, Pfeffer, Thymian und Majoran würzen, gut vermengen und zu Pflanzerl formen.

Über Glut in Schmalz ausbraten und warm oder kalt essen und einen Dornfelder dazu trinken.

KANINCHEN-MEDAILLONS MIT PFIFFERLINGEN

Zu einem solchen Pfannengericht kann man auch eine Mischung von verschiedenen Waldpilzen nehmen.

Für 2–3 Personen:

1	*Kaninchenrücken*
750 g	*Pfifferlinge*
2 Scheiben	*durchwachsener Räucherspeck*
2	*Zwiebeln*
1/2 Bund	*Petersilie*
	Salz, Pfeffer aus der Mühle
	Butter zum Braten

Die Pfifferlinge putzen, die Zwiebeln hacken und den Speck in Würfel schneiden. Das Fleisch vom Kaninchenrücken auslösen, enthäuten und in Medaillons schneiden.

Die Kaninchenstücke in einer großen Pfanne von beiden Seiten braten, salzen und pfeffern, aus der Pfanne nehmen und mit Folie zudecken.

In der gleichen Pfanne die Zwiebeln und den Speck anbraten, die Pfifferlinge dazugeben, mit Salz und Pfeffer würzen und gut vermischen. Die Pfifferlinge mit gehackter Petersilie bestreuen und die Kaninchenmedaillons dazugeben. Dazu passt ein Weißburgunder Kabinett.

AUCH ANDERE PILZE ALS PFIFFERLINGE PASSEN ZU DEN KANINCHENMEDAILLONS

WILDSCHWEINSTEAKS MIT GRILLZWIEBELN

Für 4 Personen:

800 g	*ausgelöster Wildschweinrücken*
8	*große Grillzwiebeln (oder mehrere kleine)*
1	*roter Paprika*
½ Bund	Thymian
1 EL	*Butter*
	Salz, Pfeffer aus der Mühle
	Öl zum Braten

Das Fleisch enthäuten und in Steaks von 3 cm Dicke schneiden. Die Zwiebeln putzen, jeweils in der Mitte durchstechen und mit einem Streifen Paprika füllen. Den restlichen Paprika in Rauten schneiden.

Die Zwiebeln und die Paprikarauten in einer großen Pfanne braten und auf einen Teller legen. Die Steaks von beiden Seiten anbraten, die Zwiebeln und den Paprika mit etwas Thymian wieder dazugeben. Mit Salz und Pfeffer würzen und zum Schluss die Butter dazugeben. In der Pfanne servieren und einen Schwarzriesling dazu trinken.

GAMSKOTELETTS MIT ZWIEBELRAGOUT

Wie beim Gamshals, wird auch der Rücken am besten in Koteletts geschnitten. Im Gebirge wächst auch wilder Thymian, der dem Gericht die richtige Würze gibt, aber ein Bund frisch vom Markt tut es auch.

Für 4 Personen:

1/2	*Gamsrücken – von einem jungen Stück*
700 g	*rote Zwiebeln*
1/4 l	*leichter Weißherbst*
1 Bund	*frischer Thymian*
	Salz, roter Pfeffer
	Öl zum Braten

Für die Marinade:

1/2 Liter	*Rotwein*
4 EL	*Olivenöl*
2	*Zwiebeln*
1	*Lorbeerblatt*

Den Gamsrücken von einem Metzger in Doppelkoteletts schneiden lassen. Die Marinade mit allen Zutaten aufkochen, abkühlen lassen und die Koteletts 24 Stunden darin ziehen lassen.
Die Zwiebeln schälen und in Scheiben schneiden.

Die Koteletts aus der Marinade nehmen und gut trocken tupfen, bei guter Hitze von beiden Seiten anbraten, aus der Pfanne nehmen und zur Seite stellen.

Die Hitze reduzieren, die Zwiebeln in der Pfanne glasig braten, den Thymian dazugeben und mit Rotwein ablöschen. Die Flüssigkeit auf die Hälfte reduzieren, die Koteletts auf das Gemüse legen und zugedeckt fertig dünsten. Mit Salz und zerstoßenem rotem Pfeffer würzen und in der Pfanne servieren. Dazu den gleichen Wein trinken, mit dem man das Gericht zubereitet hat.

GAMSRÜCKEN MIT GEMISCHTEN SCHWAMMERLN

In einem Gamsgebiet findet man meistens Wacholder, der hervorragend zum Wild passt. Man sollte aber nur die dunkelblauen Beeren nehmen, die zwei Jahre brauchen, um am Strauch zu reifen.

Für 4 Personen:

1	*abgehangener Gamsrücken*
1 kg	*gemischte Waldpilze*
3	*Zwiebeln*
1 EL	*Wacholderbeeren*
	gehackte Petersilie
	Salz, Pfeffer aus der Mühle
	Butter, Öl

Die innere Haut vom Rücken abziehen, das Fleisch auslösen und in Scheiben schneiden. Die Pilze putzen, möglichst ohne sie zu waschen, und in Stücke schneiden.

Die Rückensteaks mit zerdrücktem Wacholder bestreuen. In einer Pfanne über Glut von beiden Seiten mit Öl anbraten, salzen, pfeffern und warm halten.

In einer großen Pfanne die Zwiebeln mit Butter anbraten, die Pilze dazugeben, gut vermischen, salzen, pfeffern und mit Petersilie bestreuen. Die Gamssteaks dazugeben, kurz fertig braten und dazu einen Lemberger trinken.

HIRSCHRÜCKEN MIT PREISELBEEREN

Für 4 Personen:

800 g	*ausgelöster Hirschrücken*
150 g	*Preiselbeeren*
3	*rote Zwiebeln*
1 Tasse	*Fleischbrühe*
2 Gläser	*Rotwein*
½ Bund	*Zitronenthymian*
2 EL	*Zucker*
	Salz, Pfeffer aus der Mühle
	Butterschmalz zum Braten

Die innere Haut vom Hirschrücken entfernen und das Fleisch in Scheiben von 3½ cm schneiden. Die Preiselbeeren gut waschen.

Die Zwiebeln in Ringe schneiden, mit Butterschmalz in der Pfanne glasig braten und auf einen Teller legen.

Die Hirschsteaks von beiden Seiten anbraten, aus der Pfanne nehmen und mit Salz und Pfeffer würzen. Die Zwiebelringe mit den Preiselbeeren und dem Thymian zurück in die Pfanne geben. Zuckern, die Flüssigkeit reduzieren und die Steaks zurück in die Pfanne geben. Zugedeckt etwa 10 Minuten fertig garen und mit grünen Bohnen und Schupfnudeln servieren. Dazu passt eine Spätburgunder-Spätlese.

GEFÜLLTE HECHTKOTELETTS

Für 4–5 Personen:

1	*Hecht von 3–4 kg*
250 g	*Lachsfilet*
	Basilikum
	Salz, Pfeffer aus der Mühle
	Butterschmalz

Den Hecht schuppen, den Kopf abschneiden und mit dem Haken einer Kochkelle von vorne ausnehmen, so dass die Bauchdecke nicht durchgeschnitten wird. In Koteletts schneiden und mit Lachsfilet füllen.

Die Koteletts mit Salz und Pfeffer würzen und in mehreren Durchgängen über Glut etwa 5 Minuten pro Seite braten. Zum Schluss Basilikumblätter in Streifen schneiden und darüber streuen. Dazu eine Flasche Riesling Kabinett kalt stellen.

KARPFENKOTELETTS AUF KARTOFFEL-LAUCH-GEMÜSE

Das Kartoffel-Lauch-Gemüse schmeckt auch sehr gut zu Wildsteaks oder -koteletts.

Für 4 Personen:

1	*Karpfen von 1½ kg*
1 kg	*festkochende Kartoffeln*
250 g	*durchwachsener Räucherspeck*
3 Stangen	*Lauch*
3	*Zwiebeln*
250 g	*Sahne*
	Thymian
	Salz, Pfeffer aus der Mühle
	Butterschmalz

Den Kopf abtrennen, den Fisch von vorne ausnehmen und in Koteletts schneiden. Die Kartoffeln schälen, in Scheiben von 7 mm schneiden und in einem Topf mit Wasser aufbewahren. Den Speck in Streifen schneiden, die Zwiebeln grob hacken und den Lauch in Scheiben schneiden.

Die Koteletts von beiden Seiten mit Butterschmalz über Glut anbraten, aus der Pfanne nehmen salzen und pfeffern. Den Speck und die Zwiebeln glasig braten, die Kartoffeln und den Lauch dazugeben und gut vermischen. Die Sahne darüber gießen, salzen, pfeffern und etwa 25 Minuten dünsten, bis die Kartoffeln weich sind. Die Koteletts auf das Gemüse legen, mit Thymian garnieren und etwa 5 Minuten fertig garen. Dazu passt am besten ein Silvaner Kabinett.

WEISSFISCHKRUSTELN

Weißfische haben meistens sehr viel Gräten, die durch das Hacken eliminiert werden.

Für 4 Personen:

500 g	*Filets von Brachsen oder anderen Weißfischen*
100 g	*Schinken in einer Scheibe*
1½	*Zwiebeln*
4 EL	*Kartoffelbrei*
2 EL	*frisch geriebener Parmesan*
1	*Ei*
	Semmelbrösel
½ Bund	*Petersilie*
	Muskat
	Salz, weißer Pfeffer
	Butter, Butterschmalz

Die Fischfilets in Streifen schneiden, durch den Fleischwolf drehen und in eine Rührschüssel geben. Die Zwiebeln hacken, in Butter glasig braten, abkühlen lassen und mit dem Ei, dem Parmesan und dem Kartoffelbrei den Filets zugeben. Den Schinken in Würfel schneiden und ebenfalls dazugeben. Gehackte Petersilie darüber streuen, mit Salz, Pfeffer und Muskat würzen, gut vermengen und zu Krusteln formen. Krusteln sind frikadellenartige Bällchen, die allerdings paniert sind.

In Semmelbrösel wenden, über Glut in Butterschmalz ausbraten und lauwarm oder heiß mit einem guten Weißburgunder genießen.

GEBRATENER FLUSSBARSCH

Die Kammschuppen vom Barsch sitzen sehr fest und es lohnt sich kaum einen Fisch von weniger als ein Pfund zu schuppen, aber gebraten schmeckt er dann herrlich.

Für 2 Personen:

1	*Flussbarsch von 650–750 g*
etwas	*Mehl*
1	*Zitrone*
2 *TL*	*Kapern*
1 *EL*	*kalte Butter*
	Butterschmalz
	Salz/Pfeffer

Den Fisch schuppen, ausnehmen, gut waschen und trockentupfen. Mit Salz und Pfeffer innen und außen würzen, in Mehl wenden und über Glut in einer Pfanne mit Butterschmalz goldgelb braten. Anschließend kalte Butter in das Bratfett einrühren, einige Zitronenscheiben und Kapern dazugeben und eine trockene Riesling-Spätlese dazu trinken.

OMELETT MIT BARSCHFILETS

Das Omelett kann auch in einem großen Dutch Oven zubereitet werden und schmeckt auch gut mit in Scheiben geschnittenen Pellkartoffeln statt Tomaten.

Für 6 Personen:

6	*Bärschlein*
8	*Eier*
18	*Kirschtomaten*
4 EL	*frisch geriebener Parmesan*
etwas	*Basilikum*
	Salz, Pfeffer aus der Mühle
	Butterschmalz

Die Fische ausnehmen und filetieren, die Eier verquirlen, salzen, pfeffern und Parmesan einrühren.

Die Filets mit Salz und Pfeffer würzen und zusammen mit den Kirschtomaten in einer großen Pfanne von beiden Seiten über Glut mit Butterschmalz anbraten. Die verquirlten Eier dazugeben und zugedeckt fertig braten. Mit frisch gezupften Basilikumblättern dekorieren und in der Pfanne servieren. Dazu am besten einen halbtrockenen Riesling Kabinett trinken.

LACHS MIT ZUCCHINI-GURKEN-GEMÜSE

Für 6 Personen:

1 kg	*Lachsfilet*
4	*Gärtnergurken*
2	*gelbe Zucchini*
1 Bund	*Dill*
	Salz, Pfeffer aus der Mühle
	Butterschmalz

Den Fisch in Stücke schneiden, salzen und pfeffern. Die Zucchini in Scheiben schneiden, die Gurken schälen, halbieren, die Kerne entfernen und auch in Stücke schneiden. Das Gemüse salzen.

Das Feuer herunterbrennen lassen. Das Fett erhitzen und die Lachsstücke mit der Haut nach oben anbraten. Wenden, aus der Pfanne nehmen und auf ein Brett legen. Das Gemüse in die Pfanne geben, pfeffern und mehrmals wenden. Mit Dillspitzen bestreuen und die Fischstücke wieder dazugeben. Fertig braten und eine trockene Riesling-Spätlese dazu trinken.

DAS ZUCCHINI-GURKEN-GEMÜSE LÄSST SICH AUCH WUNDERBAR MIT ZANDER ODER WALLER ZUBEREITEN.

ZWIEBELFISCH MIT KARPFENFILET

Für 4 Personen:

400 g	*Karpfenfilet*
6	*Zwiebeln*
100 g	*Erbsen aus der Dose*
150 g	*saure Sahne*
½	*Zitrone*
	Schnittlauch
	mildes Paprikapulver
	Butterschmalz
	Salz, Pfeffer aus der Mühle

Die Fischfilets in Scheiben schneiden, mit Zitronensaft beträufeln, salzen und pfeffern. Die Zwiebeln in Ringe schneiden und anschließend ein Holzfeuer herunterbrennen lassen.

Die Zwiebeln in einer Pfanne mit Butterschmalz darauf glasig braten, leicht salzen, pfeffern und etwas Paprika einrühren. Die Zwiebeln aus der Pfanne nehmen und auf einen Teller legen. Die Fischfilets in der gleichen Pfanne von beiden Seiten anbraten, die Zwiebeln mit den Erbsen wieder dazugeben und kurz fertig dünsten.

Saure Sahne auf die Fischstücke löffeln, mit Schnittlauchröllchen bestreuen, in der Pfanne servieren und dazu einen Müller-Thurgau Kabinett trinken.

GRASKARPFENFILETS MIT TOMATENGEMÜSE

Für 6 Personen:

1 kg	*Graskarpfen-Filet*
500 g	*Kirschtomaten*
200 g	*Schalotten*
2	*Eigelb*
5 EL	*sauere Sahne*
5 EL	*geriebener Parmesan*
	Semmelbrösel
	Salz, Pfeffer aus der Mühle
1 Bund	*Basilikum*
	Öl zum Braten

Die Schalotten in Scheiben schneiden und die Eier mit saurer Sahne verquirlen. Den Fisch in Stücke schneiden, salzen und pfef-

GRASKARPFEN SIND BESONDERS FEIN IM GESCHMACK, ABER DIESES REZEPT KANN MIT JEDEM FISCHFILET ZUBEREITET WERDEN.

fern. Mit der Ei-Sahne-Mischung einstreichen, mit Parmesan und zum Schluss mit Semmelbrösel bestreuen. Eine Viertelstunde stehen lassen.

Das Feuer herunterbrennen lassen, Öl in der Pfanne erhitzen, die Fischstücke mit der Panierseite nach unten anbraten, aus der Pfanne nehmen, wenden und auf ein Brett legen.

Die Schalotten anbraten und die Fischstücke und die Kirschtomaten dazugeben. Das Gemüse salzen und pfeffern, fertig braten und mit frisch gezupftem Basilikum garnieren. Dazu passt ein spritziger Riesling Kabinett.

PANIERTE FORELLENFILETS

Bei diesem Rezept kann die Haut der Filets so knusprig gebraten werden, dass die Fischstücke lauwarm oder warm aus der Hand gegessen werden können.

Für 4 Personen:

4 *Forellenfilets*
1 *Eigelb*
3 EL *Crème fraîche*
geriebener Parmesan
Semmelbrösel
frischer Thymian
Salz, weißer Pfeffer
Butterschmalz

Die Gräten aus den oberen Hälften der Filets mit einer Pinzette herausziehen. Die Filets in Stücke schneiden, mit Salz und Pfeffer würzen und mit der Hautseite nach unten auf zwei Teller legen.

Das Eigelb mit der Crème fraîche verquirlen und die oberen Seiten der Fischstücke damit bestreichen. Etwas Parmesan, frisch gezupfte Thymianblätter und anschließend eine Schicht Brösel darüber streuen und 15 Minuten stehen lassen.

Die Filets mit der Haut nach oben in Butterschmalz über Glut goldgelb anbraten, dann wenden. Die Hautseiten bei starker Hitze fertig braten, bis die Haut ganz fest und knusprig wird. Dazu schmeckt ein Silvaner.

VOM GRILL

KLEINE HIRSCHRÜCKENSPIESSE

Für die Fleischspieße kann man auch feste Rosmarinzweige nehmen, die dem Wildbret einen zusätzlichen feinen Geschmack verleihen.

Für 4 Personen:

800 g	*Hirschrücken*
200 g	*durchwachsener Räucherspeck*
2 gelbe	*Paprika*
1	*große Zwiebel*
	Salz, Cayennepfeffer
	Öl

Das Hirschfleisch in Würfel, den Speck und den Paprika in breite Streifen und die Zwiebel in Viertel schneiden. Das Fleisch, den Speck und das Gemüse auf Schaschlikspieße stecken, mit Salz und etwas Cayennepfeffer würzen. Langsam über Glut grillen und von Zeit zu Zeit mit Öl einpinseln. Mit Bauernbrot und einem Dornfelder servieren.

HIRSCHRÜCKEN AM GROSSEN SPIESS

Gerichte am großen Spieß brauchen etwas Geduld, aber die Mühe lohnt sich.

Für 4 Personen:

1 kg	*ausgelöster Hirschrücken*
250 g	*weißer Räucherspeck in Scheiben*
100 g	*Egerlinge*
2	*Zwiebeln*
2 EL	*gehackte Petersilie*
	gerebelter Majoran
	Salz, Pfeffer aus der Mühle, roter Pfeffer
	Butterschmalz

Die innere Haut vom Hirschrücken entfernen und das Fleisch salzen und pfeffern. Die Egerlinge in kleine Würfel schneiden, die Zwiebeln fein hacken und in einer Pfanne mit Butterschmalz glasig braten. Die Egerlinge dazugeben, mit Salz, Pfeffer und Majoran würzen, mit Petersilie bestreuen, gut vermischen und anschließend abkühlen lassen.

Die Speckscheiben auf die Länge des Fleischstückes fächern und mit der Pilzmischung bestreichen. Den Hirschrücken aufspießen, darauf legen und mit der restlichen Pilzmischung bedecken. Mit den Speckscheiben einwickeln und zubinden.

Vor einem Holzfeuer etwa 1 Stunde und 15 Minuten von allen Seiten grillen, wobei der Spieß nie näher als 30 cm zum Feuer hängen soll. Zum Schluss den Spieß herausziehen, die Schnüre entfernen, das Fleisch in Scheiben schneiden und mit etwas zerstampftem rotem Pfeffer bestreuen. Am besten etwas Weißbrot dazu rösten und einen Spätburgunder der Spätlese dazu trinken.

GEGRILLTE WILD-SCHWEINSTEAKS

Für 4 Personen:

1 kg	*ausgelöster Wildschweinrücken*
200 g	*milder Frühstücksspeck*
½ Bund	*Thymian*
	Salz, Pfeffer aus der Mühle
	Öl

Grillkohle anbrennen, bis die Briketts vollständig grau werden. Die innere Haut des Rückens entfernen und das Fleisch in Scheiben von 3–4 cm schneiden. Die Steaks mit Frühstücksspeck und etwas Thymian einwickeln und jeweils mit einem Holzspieß befestigen.

Einen Rost mit Öl einpinseln und 8–10 cm über die Glut legen. Die Steaks darauf legen und 3–4 Minuten auf jeder Seite grillen. Zum Schluss salzen und pfeffern und am besten mit Maiskolben und Holzofenbrot servieren, wobei ein Silvaner gut dazu passen würde.

DIESES REZEPT FUNKTIONIERT EBENSO GUT MIT HIRSCH- ODER GAMSRÜCKEN

GEGRILLTE MAISKOLBEN

1 *Süßmaiskolben pro Person*
Salz
Butter

Die Blätter der Kolben zurückfalten und die Fäden entfernen. Mit den Blättern wieder zudecken und jeweils mit einem Faden oben zubinden. Auf einem Rost über Glut etwa 25 Minuten von allen Seiten grillen, bis die Blätter durchgehend verfärbt sind.

Den Kolbenansatz unten abschneiden und die Blätter abziehen. Mit Butter einstreichen und salzen. Zu den Maiskolben einen Silvaner trinken oder eventuell einen Weißburgunder.

SO WEDEN DIE MAISKOLBEN VOR DIREKTER HITZE GESCHÜTZT

WENN DIE KOLBEN SO AUSSEHEN, KÖNNEN SIE VOM GRILL GENOMMEN WERDEN.

KANINCHEN AM SPIESS

Dieses Rezept ist zugegeben zeitaufwändig, aber wenn Sie die Zeit haben, macht es auch Spaß.

Für 5–6 Personen:

1	*Kaninchen mit Leber*
200 g	*Gehacktes vom Schwein*
1 Scheibe	*(1 cm) durchwachsener Räucherspeck*
½	*Zwiebel*
1	*Ei*
¼ l	*klare Hühnerbrühe*
50 g	*Sahne*
6 EL	*Quittengelee*
1	*Zitrone*
2 EL	*Butter*
etwas	*Petersilie*
1 Bund	*Basilikum*
	Salz, Pfeffer aus der Mühle

Für die Füllung das Gehackte mit dem Ei, dem in Würfel geschnittenen Speck, gehackter Zwiebel und der fein gehackten Leber in eine Schüssel geben. Mit Salz, Pfeffer, in Streifen geschnittenem Basilikum und Petersilie würzen und gut vermengen.

Das Kaninchen innen und außen salzen und pfeffern und auf dem Spieß befestigen. Die Füllung einführen und die Bauchlappen vom Hals bis zum Becken zunähen – nicht zu fest, da die Bauchhöhle sonst platzt.

An einer windgeschützten Stelle Feuer machen, das Kaninchen mit einer Mischung aus zerlassener Butter, Quittengelee und Zitronensaft einpinseln und 1½ Stunden grillen. Dabei soll das Kaninchen nie näher als 30 cm vor dem Feuer hängen. Einen Bräter mit etwas Hühnerbrühe darunter stellen, um den heruntertropfenden Saft aufzunehmen, und von Zeit zu Zeit mit dieser Marinade nachpinseln.

Den fertigen Braten tranchieren und die aufgefangene Sauce mit Sahne abschmecken. Zum Schluss etwas Basilikum einrühren und dazu würde ein Trollinger gut passen.

GEGRILLTE SPARERIBS

Bei einem Überläufer von 50–60 kg lohnt es sich eher, die Rippen mit der gleichen Marinade in einem Dutch Oven zuzubereiten. Bei schwereren Sauen sollte man lieber die Rippen auslösen und das Fleisch als Rollbraten verwerten.

Für 3–4 Personen:

	die Rippen von einer Seite einer Sau von 30–40 kg
2	*Zwiebeln*
1	*rote Paprika*
400 g	*passierte Tomaten*
3 EL	*Essig*
2 EL	*Honig*
1 EL	*scharfer Senf*
3 EL	*Öl*
1/2 Tasse	*Fleischbrühe*
1/2 Bund	*Oregano oder Majoran*
	Salz, Cayennepfeffer

Überschüssiges Weiß abschneiden, die Rippen an einem Spieß befestigen und von beiden Seiten salzen.

Die Zwiebeln fein hacken und in einem Topf mit Öl glasig braten. Die Paprika in Würfel schneiden und mit Essig, Honig und Senf dazugeben. Gut vermischen, mit der Brühe ablöschen, den Oregano dazugeben, leicht reduzieren und mit Salz und Cayennepfeffer abschmecken. Die so entstandene Marinade soll recht scharf sein.

An einer windgeschützten Stelle Feuer machen, die Rippen mit der Marinade einpinseln und langsam von beiden Seiten 1 1/2 Stunden grillen. Dabei soll der Spieß nie näher als 30 cm vor dem Feuer hängen. Von Zeit zu Zeit mit Marinade nachpinseln, die Rippen paarweise abschneiden, auf einem Brett servieren und aus der Hand essen. Dazu einen kräftigen Schluck Silvaner.

SAIBLING AM SPIESS

Dieses Rezept ist sicherlich eines der elegantesten dieser Sammlung, aber der Saibling ist nun mal ein eleganter Fisch!
Da auch die Fischwaid meist mit der Fliegenrute auf die eleganteste Weise geschieht, darf aber auch das Rezept recht elegant sein.

Für 4 Personen:

1	*Saibling von 1 1/2 kg*
250 g	*gefrorener gehackter Spinat*
1	*Zwiebel*
1	*hart gekochtes Ei*
2 EL	*Quark (20%)*
1 EL	*Crème fraîche*
2 EL	*frisch geriebener Parmesan*
2–3 EL	*Semmelbrösel*
	Muskat
1/2 Bund	*Zitronenmelisse*
	Salz, Pfeffer aus der Mühle
	Butterschmalz, Öl

Die Kiemenbögen des Saiblings beidseitig abzwicken und den Fisch mithilfe des Hakens einer Kelle durch die Kiemen ausnehmen. Anschließend gut waschen.

Die Zwiebel hacken und in einer Pfanne mit Butterschmalz glasig braten, den Spinat dazugeben, gut vermischen, die Flüssigkeit verdampfen und abkühlen lassen. Mit dem Quark, dem gehackten Spinat, hart gekochten Ei, Crème fraîche, Parmesan und Semmelbröseln in eine Schüssel geben. Gehackte Zitronenmelisse darüber streuen, mit Muskat, Salz und Pfeffer würzen und gut vermischen.

Den Fisch auf einem Spieß befestigen, mit einem Teil der Spinatfüllung füllen und mit einer Mischung aus Butterschmalz und Öl einpinseln. Salzen und vor einem Holzfeuer von beiden Seiten 20 Minuten grillen, wobei der Fisch nie näher als 30 cm zum Feuer hängen soll. Wie immer ist der Fisch fertig, wenn sich die Bauchflosse leicht vom Körper löst. Mit dem aufgewärmten restlichen Spinat und geröstetem Weißbrot oder auch einfach mit Schupfnudeln servieren. Dazu sollte man natürlich auch einen eleganten Riesling trinken.

SCHLEIEN UND BARSCHE IM KARTOFFELMANTEL

Die Fische sehr vorsichtig grillen, damit der Kartoffelmantel nicht anbrennt!

Für 4 Personen:

2	*Schleien oder Barsche von je 700 g*
4	*mittelgroße Kartoffeln*
3 EL	*frisch geriebener Parmesan*
etwas	*Majoran*
	Salz, Pfeffer aus der Mühle
3 EL	*Butterschmalz, 3 EL Öl*

Das Feuer anbrennen. Die Schleien mit Salz abreiben, die Barsche schuppen, gut waschen und trockentupfen. Innen salzen und mit Majoran füllen. Außen leicht salzen und zwei Grillformen leicht einölen.

Die Kartoffeln schälen, mit dem Gurkenhobel in Scheiben schneiden, in Wasser legen und anschließend mit Küchenkrepp trocken tupfen. Jeweils eine Seite der Grillformen mit Kartoffelscheiben belegen, leicht salzen

und pfeffern, mit Parmesan bestreuen und einen Fisch darauf legen. Wieder mit Parmesan bestreuen, leicht salzen und pfeffern und mit einer Schicht Kartoffeln belegen. Die Grillformen verschließen und von beiden Seiten mit einer Mischung aus Öl und Butterschmalz einpinseln.

Einen Rost leicht mit Öl einpinseln und die Fische langsam 4–5 Minuten pro Seite über Glut grillen. Dazu könnte man einen Grauburgunder trinken.

FÜR SOLCHE REZEPTE EIGNEN SICH DIE FISCHFORMEN BESONDERS.

GEFÜLLTER ZANDER

Für 6 Personen:

1	*Zander von $1\frac{1}{2}$–2 kg*
6 Scheiben	*Weißbrot ohne Kanten*
100 g	*gepellte Garnelen*
50 g	*gefrorene Erbsen*
$1\frac{1}{2}$	*Zwiebeln*
2 EL	*Sahne*
1	*Ei*
2 EL	*Semmelbrösel*
½ Bund	*Petersilie*
	Salz, weißer Pfeffer
	Butterschmalz, Öl, Butter

Den Fisch schuppen, von oben ausnehmen und gut waschen. Für die Füllung das Weißbrot in Würfel schneiden, das Ei dazugeben und mit Sahne übergießen. Die Zwiebeln hacken, in Butter glasig braten und abkühlen lassen. Die Garnelen in Stücke schneiden und die Petersilie hacken. Das Weißbrot mit einer Gabel zerkleinern. Die Zwiebeln, die Garnelen, die Erbsen, die Brösel und die Petersilie dazugeben, mit Salz und Pfeffer würzen und gut vermischen.

AUCH FÜR DEN HECHT KANN DIESES REZEPT GENUTZT WERDEN.

Den Fisch innen und außen salzen, die Bauchhöhle mit der Füllung vorsichtig füllen und zusammenklappen. Eine doppelte Schicht Alufolie mit einer zweiten Schicht Folie an der Seite zusammenfalten, sodass die doppelte Breite entsteht. Die Folie mit einer Mischung aus Butterschmalz und Öl einpinseln, den Fisch damit einwickeln und von beiden Seiten etwa 10 Minuten auf einem Rost über Glut grillen. In Scheiben schneiden und auf einem Brett servieren. Dazu einen Riesling Classic trinken.

GEGRILLTER LACHS

Bei einem Frühlingslachs, der im Mai gefangen wurde, lohnt es sich, einen grünen Spargel dazu zu kochen.

Für 10–12 Personen:

1	*Lachs von 4 kg (ausgenommen)*
1 Bund	*Basilikum*
	Salz, weißer Pfeffer
	Butter, Butterschmalz, Öl, Mayonnaise

Den Fisch innen und außen mit Salz und Pfeffer würzen und die Bauchhöhle mit Basilikum füllen. Eine doppelte Schicht Alufolie mit einer zweiten Schicht Folie an der Seite zusammenfalten, sodass die doppelte Breite entsteht. Die Folie mit einer Mischung aus Butterschmalz und Öl einpinseln und den Fisch damit einwickeln. Dabei Acht geben, dass das Paket einfach zu öffnen ist, um den Fisch während der Garzeit zu kontrollieren.

Den Lachs auf einem Gitter oder Rost etwa 20 Minuten pro Seite über Glut grillen. Wenn sich die Bauchflosse leicht herausziehen lässt, ist der Fisch fertig. Auf ein Brett legen, mit einem scharfen Messer entlang des Rückgrates, um die Kiemen und vom Weidloch bis zur Schwanzwurzel schneiden und die obere Haut von hinten nach vorne abziehen. Warm mit zerlassener Butter oder kalt mit Mayonnaise servieren und eine trockene Riesling-Spätlese dazu trinken.

FORELLE MIT FLUSSKREBSEN

Inzwischen bekommt man ausgelöstes Flusskrebsfleisch im Fischgeschäft, ohne dass man sich die Krebse selbst kochen muss.

Für 4 Personen:

1	*Forelle von 1½ kg*
400 g	*Edelkrebsfleisch*
2	*Zwiebeln*
	Petersilie
	Salz, Pfeffer aus der Mühle
	Butterschmalz, Öl

Die Kiemenbögen der Forelle beidseitig abzwicken und den Fisch mithilfe des Hakens einer Kelle durch die Kiemen ausnehmen. Anschließend gut waschen.

Die Zwiebeln hacken und in einer Pfanne mit Butterschmalz glasig braten. Das Krebsfleisch abtropfen lassen, trockentupfen und dazugeben. Mit gehackter Petersilie bestreuen, pfeffern und vermischen. Die Forelle mit der Mischung füllen und von beiden Seiten salzen.

Eine doppelte Schicht Alufolie mit einer Mischung aus Butterschmalz und Öl einpinseln und den Fisch darin einwickeln. Auf einem Rost über Glut 10 Minuten von jeder Seite grillen. Das restliche Krebsfleisch warm halten und mit dem Fisch servieren. Dazu würde ein Weißburgunder Kabinett gut passen.

AUF DEM KREBSFLEISCH ANGERICHTET WIRKT DER FISCH BESONDERS GUT.

GEGRILLTE FORELLEN MIT WEINBLÄTTERN

Bei diesem Rezept verhindern die Weinblätter, dass die Fischhaut am Grillrost hängen bleibt, und verleihen den Forellen einen zusätzlichen feinen Geschmack.

Für 4 Personen:

4	*Forellen à 350 g*
1 Packung	*eingemachte Weinblätter*
1 Bund	*Petersilie*
	Salz
	Öl

Die Forellen ausnehmen, waschen, trockentupfen, innen und außen salzen und mit etwas Petersilie füllen.

BEI REZEPTEN OHNE WEINBLÄTTER MUSS DER FISCH DURCH ALUFOLIE GESCHÜTZT WERDEN.

Für jede Forelle 6 große Weinblätter in einer doppelten Reihe auf einem Brett ausbreiten, sodass sie sich überlappen. Jeweils eine Forelle darauf legen und einwickeln. Einen Rost mit Öl leicht einpinseln und die Fische 4–5 Minuten pro Seite über Glut grillen. Die verkohlten Blätter entfernen und die Forellen mit etwas zerlassener Butter servieren, wobei ein Müller-Thurgau gut dazu passen würde.

AUS DEM RÄUCHEROFEN

GERÄUCHERTE SAIBLINGE

Das gleiche Rezept gilt natürlich auch für Forellen.

Für 6 Personen:

6	*Saiblinge à 300 g*
1 Bund	*Zitronenmelisse*
	Räuchersalz mit Lorbeer & Wacholder
	Räuchermehl aus Buche
	Öl

Die Saiblinge ausnehmen, waschen und trockentupfen. Den Boden eines Bräters mit Räuchersalz bedecken, die Fische innen und außen salzen, darauf legen und 1 1/2 Stunden stehen lassen. Von Zeit zu Zeit wenden.

Die Vertiefung im Boden des Räucherofens mit Buchenmehl füllen und mit dem Schutzblech zudecken. Die Saiblinge gut abwaschen, trockentupfen und jeweils etwas Zitronenmelisse in die Bauchhöhle stecken. Den Rost mit Öl leicht einpinseln, die Fische in zwei Schichten darauf legen und etwa 16 Minuten räuchern.

Warm oder kalt servieren, mit Meerrettichsahne, Salat und einem Silvaner Kabinett.

ALLE FORELLENARTIGEN FISCHE LASSEN SICH BESONDERS GUT RÄUCHERN.

GERÄUCHERTES WALLERFILET AUF BOHNENSALAT

Für 4 Personen:

750 g	*Wallerfilet*
600 g	*weiße Bohnen aus der Dose*
2	*rote Zwiebeln*
50 g	*Parmesan*
1 Bund	*Schnittlauch*
	Pfeffer aus der Mühle
	Räuchermehl aus Buche
	Räuchersalz mit Thymian
	Öl

Für die Vinaigrette:

6 EL	*Essig*
12 EL	*Olivenöl*
2 TL	*scharfer Senf*
	Salz

Den Fisch in Stücke schneiden. Den Boden eines Bräters mit Räuchersalz bedecken, die Fischstücke darauf legen und mit Salz bestreuen. 1 1/2 Stunden ziehen lassen und von Zeit zu Zeit wenden.

Die Bohnen abtropfen lassen und auf einer Platte anrichten. Die Zwiebeln in Ringe schneiden und auf den Bohnen verteilen. Die Vinaigrette anrühren und darüber löffeln. Zum Schluss kleine Parmesanstückchen dazugeben.

Die Vertiefung im Boden des Räucherofens mit Räuchermehl füllen und mit dem Schutzblech zudecken. Die Wallerschnitten gut abwaschen, trockentupfen, den Rost leicht mit Öl einpinseln und Waller darauf legen. Zugedeckt 14 Minuten räuchern und lauwarm auf den Salat legen. Mit Schnittlauch bestreuen, gut pfeffern und dazu einen Weißburgunder Kabinett trinken.

GERÄUCHERTE KARPFENKOTELETTS

Für 6 Personen:

2	*Karpfen à 1 1/2 kg*
	Räuchersalz mit Paprika
	Räuchermehl aus Erle

Die Köpfe der Fische abschneiden, von vorne ausnehmen, gut waschen und in Koteletts schneiden. Den Boden eines Bräters mit Räuchersalz bedecken, die Koteletts salzen und darauf legen. 1 1/2 Stunden ziehen lassen und von Zeit zu Zeit wenden.

Die Vertiefung im Boden des Räucherofens mit Räuchermehl füllen, mit dem Schutzblech zudecken, die Koteletts gut abwaschen, trocknen lassen, auf den Rost legen und etwa 12 Minuten räuchern.

Die Koteletts warm oder kalt mit Taramas (Karpfenrogenmayonnaise), Lauchzwiebeln und schwarzen Oliven servieren. Dazu passt ein Weißherbst.

TARAMAS

Taramas muss man zu Hause anrühren oder bei einem griechischen Delikatessengeschäft besorgen.

Für 6 Personen:

150 g	*Karpfenrogen*
75 g	*geschälte Schalotten*
1 Scheibe	*Weißbrot ohne Kanten*
3 EL	*passierte Tomaten*
1/2	*Zitrone*
2 EL	*Wasser*
5 Tassen	*Pflanzenöl*
	Salz, weißer Pfeffer
	Butter

DIE GERÄUCHERTEN KARPFEN-KOTELETTS WERDEN MIT TARAMAS GEFÜLLT.

Den Rogen waschen, das Häutchen entfernen, gut salzen und 2 Tage im Kühlschrank stehen lassen.

Die Schalotten in Scheiben schneiden, in Butter glasig braten und zum Rogen geben. Das Brot in Würfel schneiden, mit Wasser beträufeln und mit dem Rogen und den Schalotten in der Küchenmaschine zerkleinern, sodass eine geschmeidige Farce entsteht.

Die Farce in eine Schüssel geben, tropfenweise Öl dazugießen und mit dem Handmixer verrühren, sodass das Öl absorbiert ist, bevor der nächste Tropfen dazukommt. Wenn die Mischung zu einer steifen Mayonnaise gerührt ist, die passierten Tomaten dazugeben und mit Zitrone und Pfeffer abschmecken.

GERÄUCHERTE BARSCHE

Barsche zu räuchern hat den großen Vorteil, dass man die festsitzenden Kammschuppen nicht entfernen muss.

Für 4 Personen:

4 *Barsche à 400 g*
Räuchersalz mit Paprika
Räuchermehl aus Erle
Öl

Die Barsche ausnehmen und gut waschen, aber nicht schuppen. Den Boden eines Bräters mit Räuchersalz bedecken, die Fische innen und außen salzen und 2 1/2 Stunden stehen lassen, Von Zeit zu Zeit wenden.

Die Vertiefung im Boden des Räucherofens mit Räuchermehl füllen und mit dem Schutzblech zudecken. Die Fische gut abwaschen und trockentupfen. Den Rost mit Öl leicht einpinseln, die Barsche darauf legen und etwa 18 Minuten räuchern. Jeweils die obere Haut abziehen und warm oder kalt mit Mayonnaise oder Meerrettichsahne servieren. Dazu einen Grauburgunder trinken.

GERÄUCHERTE ZANDERSCHNITTEN

Zander wird kürzer gesalzen als andere Fische, da er das Salz intensiver aufnimmt.

Für 4 Personen:

1 *Zander von $1^1/_2$ kg*
Räuchersalz mit Wacholder
Räuchermehl aus Erle
Öl

Den Fisch schuppen, ausnehmen, filetieren, gut waschen und in Stücke schneiden. Den Boden eines Bräters mit Räuchersalz bedecken, die Zanderschnitten mit der Haut nach unten darauf legen und mit Räuchersalz bestreuen. Nach 15 Minuten wenden und weitere 15 Minuten ziehen lassen.

Die Vertiefung im Boden des Räucherofens mit Erlenmehl füllen und mit dem Schutzblech zudecken. Den Rost leicht mit Öl einpinseln, die Fischstücke gut abwaschen, trockentupfen und darauf legen. 12 Minuten räuchern, die Schnitten auf ein Brett legen und mit Staudensellerie servieren. Dazu könnte ein Gewürztraminer gut passen.

IN SUPPENTOPF UND KESSEL

SZEGEDINER WILD-SCHWEINGULASCH

Ein gutes Rezept, um einen neuen Kessel einzuweihen, da es besonders schmackhaft ist und immer gelingt.

Für 15–18 Personen:

4 kg	*Frischlingskeule*
1500 g	*Sauerkraut*
800 g	*Tomatenfleisch*
8	*Zwiebeln*
3 Zehen	*Knoblauch*
1 Stange	*Lauch*
2	*rote Paprika*
3 Tassen	*Fleischbrühe*
1/4 l	*Weißwein*
2 Tassen	*süße Sahne*
2 Tassen	*saure Sahne*
8 El	*milder Paprika*
4 TL	*gemahlener Kümmel*
	Salz, Cayennepfeffer
	Schmalz vom Wildschwein (oder Hausschwein)

Das Fleisch in Stücke von 4 cm Größe schneiden. Die Zwiebeln und den Lauch in Scheiben schneiden und über einem Holzfeuer im Kessel mit Schmalz anbraten. Das Fleisch dazugeben, anbraten, mit Salz, 4 Esslöffel Paprika und 2 Teelöffel Kümmel würzen und mit Brühe ablöschen.

Das Gulasch fast fertig dünsten, das Sauerkraut, das Tomatenfleisch, den restlichen Paprika und Kümmel dazugeben und mit dem Wein ablöschen. Gut vermischen, die Flüssigkeit reduzieren, die süße und die saure Sahne dazugeben und zum Schluss mit Cayennepfeffer abschmecken. In tiefen Tellern mit einem Kännchen saurer Sahne servieren. Zum Kochen und zum Essen eine Riesling-Spätlese nehmen.

SZEGEDINER GULASCH IST EIN IDEALES GERICHT FÜR KALTE TAGE.

GEMISCHTES GULASCH VON FRISCHLING UND REH

Dieses Gulasch kann mit Wildbret von jedem Schalenwild kombiniert werden.

Für 15–18 Personen:

2 kg	*ausgelöste Rehkeule*
2 kg	*ausgelöste Frischlingskeule*
400 g	*durchwachsener Räucherspeck*
3	*große Petersilienwurzeln*
3	*große Karotten*
2 Stangen	*Lauch*
4 Stangen	*Staudensellerie*
6	*Zwiebeln*
2	*rote Paprika*
1 Flasche	*trockener Rotwein*
3/4 l	*Fleischbrühe*
2 Hand voll	*getrocknete Steinpilzstückchen*
1 EL	*Wacholderbeeren*
3	*Lorbeerblätter*
2 EL	*getrockneter Majoran*
8	*rote Chilis (oder Pfeffer aus der Mühle)*
	Salz
	Öl zum Braten

Das Fleisch in Stücke von 4 cm Länge schneiden. Die Zwiebeln, den Lauch, die Karotten, den Sellerie und die Petersilienwurzeln in Scheiben und den Speck in Streifen schneiden.

Die Zwiebeln mit dem Speck im Kessel glasig braten. Das restliche Gemüse dazugeben und auch kurz anbraten. Das Fleisch mit den Oberschenkelknochen und der Speckschwarte dazugeben und gut vermischen. Anbraten und mit Rotwein und Brühe ablöschen, die Steinpilzstückchen zufügen, würzen und zugedeckt 2 Stunden köcheln lassen.

Die Paprika in Streifen schneiden und nach 1 Stunde und 45 Minuten dazugeben. Wenn nötig, noch Brühe dazugeben, die Knochen und die Schwarte entfernen, abschmecken und in tiefen Tellern servieren. Dazu einen kräftigen Spätburgunder.

UNGARISCHES HIRSCHGULASCH

Ein klassisches ungarisches Gulasch wird ganz einfach gewürzt, nur mit Brühe aufgegossen und soll recht scharf sein. Also passt ein Bier fast besser dazu als Wein.

Für 15–18 Personen:

4 kg	*Gulasch aus der Keule von Damhirsch oder Rothirsch*
10	*Zwiebeln*
6 EL	*Schweineschmalz*
1 kg	*Tomatenfleisch aus der Dose*
3	*rote Paprika*
etwa 1½ l	*Fleischbrühe*
4	*mittelgroße Pellkartoffeln*
5 Zehen	*Knoblauch*
4 TL	*gemahlener Kümmel*
8 EL	*süßes Paprikapulver*
	das Grüne von 1 Bund Lauchzwiebeln
	Salz, Cayennepfeffer

Das Gulaschfleisch in Würfel von 3–4 cm Größe schneiden. Die Zwiebeln grob hacken und im Kessel über einem Holzfeuer mit Schweineschmalz glasig braten. Das Gulaschfleisch dazugeben, anbraten und mit Salz, Paprika, Kümmel und Knoblauch würzen. Das Tomatenfleisch dazugeben, gut vermischen, mit Brühe ablöschen, sodass das Fleisch bedeckt ist, und 1½ Stunden zugedeckt dünsten.

Den Deckel abnehmen, die Paprikaschoten in Streifen schneiden und mit den zerdrückten Kartoffeln dazugeben. 15 Minuten fertig dünsten, eventuell Brühe nachgießen, mit Cayennepfeffer abschmecken und mit Lauchzwiebelröllchen bestreuen.

KESSELGULASCH VOM FEINSTEN

Für 15–18 Personen:

4 kg	*ausgelöster Damhirschrücken*
350 g	*durchwachsener Räucherspeck*
500 g	*festkochende Kartoffeln*
4	*Karotten*
2	*rote Paprika*
2 Stangen	*Lauch*
3 Scheiben	*Wurzelsellerie*
8	*Zwiebeln*
2 Tassen	*konzentrierte Rinderbrühe*
1 Flasche	*trockener Rotwein*
1 Hand voll	*getrocknete Steinpilzstückchen*
1 EL	*Wacholderbeeren*
3	*Lorbeerblätter*
2 EL	*getrockneter Majoran*
6	*rote Chilis*
eventuell	*Sauerrahm oder Crème fraîche*
	Salz
	Öl

Das Fleisch in Scheiben von 4 cm schneiden. Die Zwiebeln grob hacken, den Sellerie in Würfel schneiden, den Lauch, die Karotten und die Kartoffeln in Scheiben schneiden, den Speck und die Paprika in Streifen schneiden. Die Kartoffeln in Wasser aufbewahren, damit sie sich nicht verfärben. Die Steinpilzstückchen in Rotwein einweichen.

Die Zwiebeln mit dem Speck im Kessel über einem Holzfeuer glasig braten. Das Fleisch dazugeben und gut vermischen. Anbraten und mit Rotwein und Brühe ablöschen. Die Steinpilzstückchen mit ihrer Flüssigkeit dazugeben und mit Salz, Lorbeer, Wacholder, Majoran und Chilis würzen. Zudecken und 40 Minuten dünsten lassen.

Die Karotten, den Lauch, die Paprika und den Sellerie einrühren und zum Schluss die Kartoffelscheiben. Etwa 20 Minuten ohne Deckel fertig dünsten. Von Zeit zu Zeit umrühren und abschmecken. Eventuell etwas Sauerrahm dazugeben und mit einem kräftigen Spätburgunder servieren.

KARTOFFELGULASCH

Ein besonders schmackhaftes Wintergericht für Tage, an denen die Wildkammer leer steht.

Für 12 Personen:

4 kg	*speckige Kartoffeln*
600 g	*durchwachsener Räucherspeck*
8	*Zwiebeln*
3	*rote Paprika*
150 g	*Sauerrahm*
1 Bund	*Frühlingszwiebeln*
1/2 l	*konzentrierte Fleischbrühe*
4 EL	*scharfes Paprikapulver*
1 1/2 EL	*gemahlener Kümmel*
1 Bund	*frischer Majoran (oder 2 EL getrocknet)*
	Salz
	Butterschmalz

Die Kartoffeln schälen, in Scheiben schneiden und in Wasser aufbewahren, damit sie sich nicht verfärben. Die Zwiebeln grob hacken, den Speck in Streifen schneiden und mit Butterschmalz im Kessel anbraten, bis die Zwiebeln glasig werden.

Die Kartoffeln dazugeben, gut vermischen und mit Brühe ablöschen. Mit Salz, Paprika und Kümmel würzen, den Majoran dazugeben und zugedeckt etwa 40 Minuten fertig dünsten. In der Zwischenzeit die roten Paprika in Rauten schneiden.

Von Zeit zu Zeit umrühren, für die letzten 10 Minuten die Paprikarauten dazugeben, den Sauerrahm einrühren, die Frühlingszwiebeln in Röllchen schneiden und darüber streuen. Dazu passt ein Silvaner.

WILDENTEN AUF SAUERKRAUT

Wildenten auf Sauerkraut sind seit vielen Jahren ein Lieblingsgericht meiner Familie und ich habe festgestellt, dass sie auf offenem Feuer fast besser schmecken als zu Hause.

WILDENTEN UND SAUERKRAUT SIND EINE GUTE KOMBINATION

Für 15–18 Personen:

7	*ofenfertige Stockenten*
350 g	*durchwachsener Räucherspeck*
3 kg	*Sauerkraut*
350 g	*Zwiebeln*
3 kg	*Bamberger Kartoffeln*
600 ml	*Weißwein*
1/4 l	*reduzierte Hühnerbrühe*
18	*Wacholderbeeren*
	Salz, Pfeffer, eventuell Zucker
	Butterschmalz

Die Bürzel entfernen, die Enten vierteln, gut waschen und trockentupfen. Nach und nach im Kessel über einem Holzfeuer anbraten, bis sie Farbe annehmen, mit Salz und Pfeffer würzen und in einer Schüssel zur Seite stellen.

Den Speck in Streifen und die Zwiebeln in Ringe schneiden. Im Kessel anbraten, das Sauerkraut, die Wacholderbeeren und die Brühe dazugeben, gut vermischen und mit dem Wein ablöschen. Eventuell mit Zucker abschmecken. Die Hälfte des Krauts aus dem Kessel nehmen, die Entenstücke hineingeben, mit dem restlichen Kraut zudecken und mit dem Deckel verschließen. Etwa 2 Stunden fertig dünsten, eventuell Wein nachgießen und abschmecken. Für die letzten 20 Minuten die Kartoffeln dazugeben. Bei normalen festkochenden Kartoffeln 1/2 Stunde rechnen. Dazu einen Riesling Classic trinken.

REHGULASCH MIT SAHNE

In kleineren Mengen, zum Beispiel für 6 Personen, kann man die halbe Menge in einem 12-Inch-Dutch-Oven zubereiten.

Für 12 Personen:

3 kg	*Rehfleisch aus der Keule mit den ausgelösten Oberschenkelbeinen*
6	*Zwiebeln*
4 Stangen	*Staudensellerie*
2	*Karotten*
1 Stange	*Lauch*
3	*Petersilienwurzeln*
600 g	*Steinpilze*
1½ Tassen	*Hühnerbrühe*
2 Gläser	*Weißwein*
350 g	*Sahne*
2 EL	*getrockneter Majoran*
	Salz, Cayennepfeffer
	Butterschmalz

Das Fleisch in Würfel von 2½ cm schneiden.

Die Zwiebeln grob hacken, den Sellerie, die Petersilienwurzeln, den Lauch und die Karotten in Scheiben schneiden. Das Gemüse mit Butterschmalz im Kessel über einem Holzfeuer anbraten. Das Gulaschfleisch dazugeben, gut vermischen und anbraten. Die ausgelösten Knochen dazugeben, mit Salz und Majoran würzen und mit Weißwein und Brühe ablöschen. Mit dem Deckel verschließen und 1 Stunde und 20 Minuten dünsten lassen.

Die Knochen entfernen, die Steinpilze in große Stücke schneiden, mit der Sahne dazugeben und 10 Minuten lang fertig garen. Mit Cayennepfeffer abschmecken und in tiefen Tellern servieren. Zum Rehgulasch passt ein Weißburgunder.

WILDERERTOPF

Bei einer großen Menge Wildbret lohnt es sich eventuell, die Fleischstücke zu Hause vorzubraten und das Gemüse schon geschnitten ins Revier mitzunehmen.

Für 15 Personen:

1	*Rehblatt*
1	*Kaninchen*
2	*Stockenten*
3	*Ringeltauben*
500 g	*durchwachsener Räucherspeck*
1 kg	*Weißkraut*
1 kg	*Bamberger Kartoffeln*
8	*Zwiebeln*
4 Stangen	*Staudensellerie*
2 Stangen	*Lauch*
6	*weiße Rüben*
6	*Karotten*
4	*Petersilienwurzeln*
1	*roter Paprika*
1	*gelber Paprika*
750 g	*rote Kidneybohnen aus der Dose*
1/2 l	*trockener Weißwein*
1/2 l	*Hühnerbrühe*
1/2 Bund	*Thymian, 1/2 Bund Majoran*
2	*Lorbeerblätter, 8 rote Chilis*
	Salz
	Öl

Das Rehblatt am Gelenk durchtrennen, die Enten vierteln, die Tauben halbieren, das Kaninchen in Portionen teilen und den Speck in Scheiben schneiden. Den Speck und die Fleischstücke nacheinander in Öl anbraten und zur Seite stellen.

Die Zwiebeln grob hacken, den Lauch und den Sellerie in Scheiben schneiden, die Karotten, die Petersilienwurzeln, die Kartoffeln und die Rüben putzen, das Kraut und die Paprika in Streifen schneiden. Bis auf das Kraut, die Kartoffeln und die Paprika, das Gemüse über einem Holzfeuer im Kessel anbraten. Die Rüben und das Kraut dazugeben, gut vermischen, salzen und mit Brühe und Wein ablöschen.

Den Kessel vom Feuer nehmen, die Fleischstücke gut salzen, auf das Gemüse schichten, die Kräuter, die Lorbeerblätter und die Chilis dazugeben und zugedeckt eine halbe Stunde über dem Feuer dünsten.

Den Speck und die Kartoffeln dazugeben und eine weitere Stunde fertig garen. Für die letzten 20 Minuten die Paprikastreifen dazugeben und die Kräuter entfernen. Die Fleischstücke auf Tellern verteilen, die roten Bohnen mit dem Gemüse vermischen und dazu servieren, mit Holzofenbrot und einem Dornfelder reichen.

HASENTOPF MIT GRAUPEN

Dieses Rezept kann natürlich auch ohne Graupengemüse zubereitet werden und in dem Fall kann man auch Rotwein statt Weißwein dazu nehmen.

Für 10–12 Personen:

2	*abgehangene Hasen*
500 g	*Perlgraupen*
350 g	*durchwachsener Räucherspeck*
5	*Zwiebeln*
1½ Stangen	*Lauch*
5	*Karotten*
2 Scheiben	*Wurzelsellerie*
3	*rote Paprika*
150 g	*Erbsen aus der Dose*
¼ l	*Weißwein*
½ l	*Fleischbrühe*
10 EL	*frisch geriebener Parmesan*
1 Bund	*Thymian*
	Salz, Pfeffer aus der Mühle
	Öl zum Braten

Marinade:

1 l	*Weißwein*
¼ l	*Öl*
3	*Zwiebeln*
2	*Lorbeerblätter*
10	*Wacholderbeeren*
½ Bund	*Thymian*

Die Hasen abbalgen, die Köpfe und Rippen abschneiden, die Läufe abtrennen und die Innenhaut entfernen. Dem Rücken die Innenhaut abziehen und jeweils in 3 Stücke teilen.

Für die Marinade die Zwiebeln in Ringe schneiden und mit den anderen Zutaten in einem großen Topf aufkochen und abkühlen lassen. Die Hasenstücke 36–48 Stunden in der Marinade ziehen lassen und von Zeit zu Zeit wenden.

Den Speck in Streifen schneiden und mit etwas Öl im Kessel über einem Holzfeuer anbraten. Herausnehmen und zur Seite stellen. Die Hasenstücke trockentupfen und nach und nach im Kessel anbraten. Herausnehmen und mit Salz und Pfeffer würzen.

Den Lauch in Scheiben schneiden, die Zwiebeln grob hacken und zusammen im Kessel anbraten. Die Sprünge (Hinterläufe) dazugeben und mit ¼ l Weißwein, ¼ l Marinade und ¼ l Fleischbrühe ablöschen. Zugedeckt 1½ Stunden schmoren lassen und anschließend die restlichen Hasenstücke mit ¼ l Brühe dazugeben.

Inzwischen die Karotten, Paprika und Sellerie in kleine Würfel schneiden, die Graupen waschen und mit Salz und Pfeffer würzen. Nach ½ Stunde alle Hasenstücke herausnehmen und warm halten den Thymian wegwerfen. Die Graupen in den Kessel geben, gut vermischen und 15 Minuten andünsten. Die Karotten-, Sellerie- und Paprikawürfel mit den Erbsen dazugeben, wieder gut vermischen und den Parmesan einrühren. Die Hasenstücke auf das Graupengemüse legen und zugedeckt 30 Minuten fertig garen. Wenn nötig, zwischendurch noch Brühe dazugießen. Dazu einen Grauburgunder trinken

GAMSSUPPE

Wie immer bei einem Gams, muss so viel Fett wie möglich vom Fleisch entfernt werden. Am besten eignet sich eine Geiß von 5–6 Jahren. Bei einem älteren Stück wird die Garzeit entsprechend länger sein.

Für 10–12 Personen:

	Hals und Blätter von einem Gams
6	*Zwiebeln*
4	*Karotten*
2 Stangen	*Lauch*
3 Scheiben	*Sellerie*
1 Bund	*Thymian*
1 Bund	*Petersilie*
2 EL	*Wacholderbeeren*
	Salz, 3TL schwarze Pfefferkörner
	Butterschmalz

Die Blätter und den Hals in einem Topf oder Kessel über einem Holzfeuer in Butterschmalz von allen Seiten anbraten. Salzen und mit Wasser auffüllen, sodass alles bedeckt ist. Den Thymian, Wacholder und die Pfefferkörner dazugeben, aufkochen, den Schaum abschöpfen und 1 1/2 Stunden köcheln lassen.

Die Zwiebeln grob hacken, die Karotten und den Lauch in Scheiben und den Sellerie in Würfel scheiden. Das Gemüse dazugeben, den Schaum wieder abschöpfen und 1 weitere Stunde köcheln lassen, bis sich das Fleisch leicht von den Knochen löst.

Den Thymian entfernen, das Fleisch aus dem Topf nehmen, auslösen, in Würfel schneiden und zurück in die Suppe geben. Abschmecken, in tiefen Tellern sehr heiß servieren und mit Petersilie dekorieren. Dazu würde ein Trollinger gut passen.

SAIBLINGE BLAU

Forellen oder Saiblinge blau sind die Ausnahmen, die fangfrisch zubereitet werden sollen, damit sie ihre blaue Farbe behalten.

Für 8 Personen:

8	*frisch gefangene Saiblinge à 300 g*
3	*Zwiebeln*
	das Weiße von 2 Stangen Lauch
2	*Karotten*
10	*Wacholderbeeren*
3	*Lorbeerblätter*
4 l	*Wasser*
1/2 l	*Weißwein*
1/4 l	*Weißweinessig*
4 EL	*Salz,*
4 EL	*Zucker*
30	*weiße Pfefferkörner*
	Butter

Die Saiblinge ausnehmen, vorsichtig waschen und jeweils mit einer Schnur durch die Kiemen und Schwanzwurzel im Ring binden.

Das Gemüse in Scheiben schneiden und über einem Holzfeuer im Kessel mit Butter andünsten. Mit Wein, Essig und Wasser ablöschen, die Lorbeerblätter, den Wacholder, Salz, Zucker und Pfefferkörner dazugeben, aufkochen und den Kessel höher stellen, sodass der Sud leicht sprudelt.

Die Fische hineingeben und etwa 7 Minuten ziehen lassen. Mit zerlassener Butter servieren und einen halbtrockenen Riesling Kabinett dazu trinken.

SAIBLING MIT BLANCHIERTEM GEMÜSE

Für 4 Personen:

750 g	*Saiblingsfilets*
750 g	*grüner Spargel*
200 g	*Kaiserschoten*
200 g	*grüne Bohnen*
15	*Grillzwiebeln*
2	*Karotten*
	Salz

Mayonnaise:

4	*Eigelb*
2 Tassen	*leichtes Pflanzenöl*
6 EL	*Weinessig*
1 TL	*scharfer Senf*
	Salz, weißer Pfeffer
1 Bund	*Basilikum*

Die Gräten aus den oberen Hälften der Saiblingsfilets mit einer Pinzette entfernen und die Filets in Stücke schneiden.

Das Gemüse putzen, in kochendem Salzwasser nach und nach blanchieren und anschließend mit kaltem Wasser abschrecken – zuerst die Zwiebeln, dann die Kaiserschoten, danach den Spargel und zum Schluss die Karotten.

Über dem Sud die Filetstücke in einem Fritierkorb zugedeckt dämpfen. Dabei darf der Korb das siedende Wasser nicht berühren. Auf einer Platte zusammen mit dem Gemüse lauwarm oder kalt servieren.

Für die Mayonnaise die Eigelbe so lange schlagen, bis sie hellgelb werden und keine Bläschen mehr werfen. Das Öl tropfenweise dazugeben und weiterrühren. Kein Öl hinzufügen, bevor nicht der letzte Tropfen absorbiert ist. Nach und nach mehr Öl dazugeben, bis die Mayonnaise steif geworden ist. Mit Senf, Essig, Salz und Pfeffer würzen, die gezupften Basilikumblätter in Streifen schneiden und einrühren. Dazu einen eleganten Riesling trinken.

EDELKREBSE IM WEINSUD

September ist der beste Monat für Krebse, und solange das Wetter schön ist, sollte man die Zeit ausnutzen und ein Krebsessen im Freien genießen.

Für 8 Personen:

7 kg	*Edelkrebse*
1 l	*Weißwein*
2 l	*Wasser*
100 g	*Schalotten*
1 Stange	*Lauch*
2 Stangen	*Staudensellerie mit etwas Grün*
3	*Karotten*
50 g	*Petersilienwurzel*
2	*Zitronen*
1 Bund	*Dill*
1 EL	*Kümmel*
3 TL	*Salz*
3 TL	*Zucker*
	Butter

Das Gemüse in Scheiben schneiden und in einem großen Topf über einem Holzfeuer mit Butter andünsten. Mit Wasser, Wein und Zitronensaft ablöschen und mit Salz, Zucker, Kümmel und Dill würzen. Aufkochen und den Dill wegwerfen.

Die Krebse nach und nach mit dem Kopf zuerst in die sprudelnde Brühe werfen und anschließend 8–10 Minuten darin ziehen lassen.

Mit Mayonnaise (siehe Saibling mit blanchiertem Gemüse, S. 81) und einem Weißburgunder Kabinett servieren.

SCHLEIEN IN RIESLING

Für 4 Personen:

2	*Schleien à 750 g*
2	*Karotten*
2	*Petersilienwurzeln*
½ Stange	*Lauch*
1	*Zwiebel*
½ l	*Riesling*
1 Bund	*frischer Thymian*
	Salz, 12 weiße Pfefferkörner
	Butter

Die Fische mit Salz abreiben, um den Schleim zu entfernen. Gut abwaschen, ausnehmen, innen und außen salzen und die Bauchhöhlen mit Thymian füllen.

Die Zwiebeln in Ringe schneiden, die Karotten und die Petersilienwurzeln in feine Scheiben und den Lauch in größere Stücke schneiden. Etwas Butter in dem Fischkessel zergehen lassen, das Gemüse hineingeben, salzen, die Pfefferkörner dazugeben und die

Fische darauf legen. Den Wein dazugießen, mit dem Deckel verschließen, aufkochen und bei weniger Hitze etwa 20 Minuten köcheln lassen. Wenn die Bauchflossen sich leicht herausziehen lassen, sind die Fische fertig.

Die Fische und das Gemüse auf dem Deckel anrichten, auf der oberen Seite jeweils die Haut abziehen und mit etwas zerlassener Butter übergießen. Dazu einen Riesling Classic trinken.

KARPFEN IN ROTWEIN

Dieses Rezept ist ein klassisches Beispiel dafür, dass ein Rotwein durchaus auch zu Fisch passen kann.

Für 4 Personen:

1	*Karpfen von 1½ kg*
2	*rote Zwiebeln*
2	*Petersilienwurzeln*
2	*Karotten*
200 g	*durchwachsener Räucherspeck*
100 g	*Egerlinge*
150 g	*kalte Butter*
3 Gläser	*Rotwein*
1 Bund	*Petersilie*
2	*rote Chilis*
	Salz
	Butter zum Braten

Den Karpfen mit Salz abreiben, ausnehmen, gut waschen, innen und außen salzen und über Nacht stehen lassen.

Die Zwiebeln, die Karotten, die Petersilienwurzeln und die Egerlinge in Scheiben und den Speck in Streifen schneiden. Leicht salzen und zusammen im Kessel über einem Holzfeuer in Butter anbraten. Den Karpfen hineinlegen, die Chilis dazugeben, mit Rotwein und zerlassener Butter übergießen und 30–40 Minuten zugedeckt dünsten.
Den fertigen Fisch mit dem Gemüse auf dem Deckel oder einer Platte anrichten und warm halten. Den Sud leicht reduzieren, die kalte Butter stückchenweise einrühren und zum Fisch servieren. Zum Schluss mit Petersilienblättern dekorieren. Am besten einen Dornfelder zum Kochen nehmen und auch dazu trinken.

SEFORELLE IM SUD

SEEFORELLE MIT GRÜNEM SPARGEL

Wo es Seeforellen gibt, kann man sicher sein, dass die Wasserqualität und dadurch auch der Geschmack der Fische perfekt ist, aber man kann natürlich auf gleiche Art eine Bachforelle zubereiten.

Für 3–4 Personen:

1	*Seeforelle von 750 g – 1 kg (ausgenommen)*
1 kg	*grüner Spargel*
1	*Karotte*
2	*Petersilienwurzeln*
	das Weiße von 1 Stange Lauch
1	*Zwiebel*
1	*Zitrone*
1 Bund	*Thymian*
	Salz, Zucker
12	*weiße Pfefferkörner*
¾ l	*Wasser*
	Butterschmalz, Butter

Den Spargel schälen und in Salzwasser mit etwas Zucker und einem Stück Butter 5–10 Minuten kochen, mit kaltem Wasser abschrecken und abtropfen lassen.

Das Gemüse in Stücke schneiden und im Kessel mit Butterschmalz andünsten. Einen 3/4 Liter Wasser mit einem Thymiansträußchen und den Pfefferkörnern dazugeben und auf einem heruntergebrannten Holzfeuer leicht köcheln lassen. Den Fisch innen und außen salzen, die Bauchhöhle mit etwas Thymian füllen, in den Kessel legen und zugedeckt 15–20 Minuten im Sud ziehen lassen. Dabei darf der Sud nur ganz leicht köcheln.

Den Fisch auf eine Platte legen, die Haut der oberen Seite abziehen, den Spargel dazulegen und mit Zitronenscheiben garnieren. Lauwarm oder kalt mit Mayonnaise und einem Silvaner Kabinett servieren.

WILD & SALAT

WEIN ZUM SALAT

Die Sommerzeit muss man ausnützen, um Salate mit einem kühlen Bier oder einem spritzigen Weißwein zu genießen. Junge Rieslinge aus sämtlichen deutschen Weingebieten bieten sich dazu an, aber ein leichter Rosé oder Weißherbst wird sicherlich auch gut dazu passen.

REHFILETS MIT BLANCHIERTEM GEMÜSE

Für 4 Personen:

	die Filets von 2 Rehen (die echten von unter dem Rückgrat)
150 g	*kleine grüne Bohnen*
3	*Karotten*
1 Stange	*Lauch*
½	*Broccoli oder Blumenkohl*
1	*rote Zwiebel*
	Salz, Pfeffer aus der Mühle
	Butterschmalz zum Braten
	Vinaigrette (s. S. 97)

Die Rehfilets in einer kleinen Pfanne mit Butterschmalz braten, mit Salz und Pfeffer würzen und abkühlen lassen.

Die Karotten und den Lauch in Scheiben schneiden, die Bohnen putzen und den Broccoli in Röschen teilen. Das Gemüse nach und nach in Salzwasser blanchieren und mit kaltem Wasser gut abschrecken. Die Filets in Scheiben schneiden, mit dem Gemüse und Zwiebelringen auf einer Platte oder einzelnen Tellern anrichten. Mit Vinaigrette beträufeln und mit Roggenbrot servieren.

KANINCHENRÜCKEN MIT ROTEN KIDNEYBOHNEN

Für 4 Personen:

1	*Kaninchenrücken*
etwas	*Rucola*
400 g	*rote Kidneybohnen*
1	*Zwiebel*
etwas	*Parmesan*
1 Bund	*Radieschen*
	Salz, Pfeffer aus der Mühle
	Butter zum Braten
	Vinaigrette (s. S. 97)

Den Kaninchenrücken enthäuten und das Fleisch auslösen. In Scheiben schneiden, mit Salz und Pfeffer würzen und in Butter braten.

Lauwarm mit etwas Rucola, roten Bohnen, gewürfelten Zwiebeln, Parmesan und Radieschen auf einer Platte oder einzelnen Tellern anrichten. Mit Vinaigrette beträufeln und mit Weißbrot servieren.

WACHTEL-KREBS-SALAT

Für 4 Personen:

2	*Wachteln*
12	*Wachteleier*
100 g	*Edelkrebsschwänze*
1/2	*Friséesalat*
150 g	*Kirschtomaten*
	Salz, Pfeffer aus der Mühle
	Butterschmalz zum Braten
	Vinaigrette (s. S. 97)

Die Brüste und Keulen der Wachteln auslösen, mit Butterschmalz von beiden Seiten braten und mit Salz und Pfeffer würzen. Die Eier 5 Minuten kochen und gut abschrecken.

Abkühlen lassen und mit dem Krebsfleisch und dem Salat auf einer Platte oder einzelnen Tellern anrichten. Mit Vinaigrette beträufeln und mit Weißbrot und den hart gekochten Wachteleiern servieren.

TAUBENBRÜSTE AUF GRÜNEM BOHNENSALAT

Für 4 Personen:

	die ausgelösten Brüste von 4 Ringeltauben
50 g	*milder Frühstücksspeck*
200 g	*grüne Bohnen*
einige	*Kirschtomaten*
1	*Zwiebel*
1/4 l	*Hühnerbrühe*
	Salz, Pfeffer aus der Mühle
	Butterschmalz
	Vinaigrette (s. rechts)

Den Speck in Streifen schneiden und mit etwas Butterschmalz in einer Pfanne über einem Holzfeuer braten. Die gebratenen Speckstreifen herausnehmen und in der gleichen Pfanne die Brüste von beiden Seiten anbraten. Die Brühe dazugeben, mit Salz und Pfeffer würzen und zugedeckt etwa 30 Minuten fertig dünsten.

In der Zwischenzeit die Bohnen putzen, in Salzwasser blanchieren, mit kaltem Wasser abschrecken, die Kirschtomaten vierteln und die Zwiebel fein hacken.

BOHNENSALAT PASST AUCH GUT ZU WACHTELRÜCKEN.

Die Bohnen auf eine Platte legen, die Kirschtomaten darüber verteilen, mit Vinaigrette beträufeln und mit gehackten Zwiebeln und Speckstreifen bestreuen. Die lauwarmen Taubenbrüste darauf legen und mit geröstetem Holzofenbrot servieren.

FORELLENFILETS MIT KAPUZINERKRESSE

Für 4 Personen:

500 g	*Forellenfilets*
	frisch gezupfte, junge Kapuzinerkresseblätter
12	*Kapuzinerblüten*
1	*Zwiebel*
	Butter
	Salz, Pfeffer aus der Mühle
	Vinaigrette (s. u.)

Die Filets mit Butter über Glut langsam braten, mit Salz und Pfeffer würzen und abkühlen lassen.

Die Kapuzinerkresseblätter auf einer Platte verteilen, mit Vinaigrette beträufeln und mit fein gehackten Zwiebelwürfeln bestreuen. Die Filets dazugeben, mit den Blüten dekorieren und eventuell mit Weißbrotcroutons garnieren.

VINAIGRETTE

6 EL	*Weinessig*
12 EL	*Olivenöl*
3 TL	*scharfer Senf*
2 Prisen	*Salz*

Den Senf mit Essig und Salz vermischen und anschließend das Öl einrühren, bis die Mischung glatt wird, oder in einer kleinen Flasche schütteln.

AUS DEM DUTCH OVEN

WACHTELN MIT ROSMARIN

Damit die Wachteln eine schöne goldene Farbe bekommen, muss man wesentlich mehr Kohle als sonst auf den Deckel geben.

Für 6 Personen:

12	*küchenfertige Wachteln*
1 kg	*kleine neue Kartoffeln*
1	*Bund Rosmarin*
1	*Tasse Hühnerbrühe*
	Salz, Pfeffer aus der Mühle
	Butterschmalz, Öl

2 1/2 kg Kohlebriketts anbrennen.

Die Wachteln innen salzen und jeweils mit einem kleinen Rosmarinzweig füllen. Den Boden von einem 16-Inch-Dutch-Oven mit einer Mischung aus 2/3 Butterschmalz und 1/3 Öl einpinseln, die Vögel unten salzen, mit den Brüsten nach oben zusammen mit den Kartoffeln in den Topf legen. Mit der Butter-Öl-Mischung einpinseln, salzen, pfeffern, einige Rosmarinzweige sowie die Brühe dazugeben und mit dem Deckel verschließen.

Mit 10 Briketts darunter und 30 auf dem Deckel das Gericht eine Stunde braten, bis die Wachteln eine schöne Farbe annehmen. Zwischendurch mit der Butter-Öl-Mischung einpinseln und zum Schluss mit frischem Rosmarin dekorieren. Eventuell mit einem zweiten Topf auf dem Dutch Oven Mittelmeergemüse (s. u.) dünsten. Als Wein wäre ein Trollinger ein guter Begleiter.

MITTELMEERGEMÜSE

Für 6 Personen:

3	*Paprika*
2	*Zucchini*
2	*Auberginen*
4	*Zwiebeln*
800 g	*Tomatenfleisch aus der Dose*
1 Tasse	*Hühnerbrühe*
½ Bund	*Petersilie*
½ Bund	*Oregano*
5	*kleine rote Chilis*
3 EL	*Pinienkerne*
	Salz
	Olivenöl

Die Zucchini, Auberginen und Zwiebeln in Scheiben und die Paprika in Streifen schneiden.

Die Zwiebeln mit Ölivenöl in einem 12-Inch Dutch-Oven über Glut glasig braten. Das restliche Gemüse mit dem Tomatenfleisch, der Brühe und den Chilis dazugeben. Salzen, gut vermischen, die Petersilie und den Oregano dazulegen und mit dem Deckel verschließen.

Das Gemüse mit 9 Kohlebriketts darunter und 15 auf dem Deckel 45 Minuten fertig dünsten. Zum Schluss die Kräuter entfernen und die Pinienkerne darüber streuen.

TAUBEN MIT PFIFFERLINGEN

Für 4 Personen:

4	*Tauben*
2	*Zwiebeln*
250 g	*durchwachsener Räucherspeck*
750 g	*Pfifferlinge*
1 Tasse	*Hühnerbrühe*
1 Bund	*Petersilie*
	Salz, Pfeffer aus der Mühle
	Butterschmalz

Kohlebriketts auf einem Rost mit anbrennen. Bis eine gleichmäßige Glut erreicht ist, dauert es etwa 30 Minuten. Die Pfifferlinge putzen, den Speck in Streifen schneiden und die Zwiebeln grob hacken.

Die Tauben gut waschen, trockentupfen, innen und außen salzen, pfeffern und mit Petersilie füllen. Einen 12-Inch-Dutch-Oven auf die Glut stellen und die Tauben mit Butterschmalz von allen Seiten anbraten. Den Topf zur Seite stellen, die Brühe dazugießen und mit dem Deckel verschließen. 9 Briketts darunter schieben, 15 auf den Deckel legen und die Tauben etwa 45 Minuten dünsten.

In der Zwischenzeit die Zwiebeln und den Speck in einer Bratpfanne auf der restlichen Kohle anbraten, die Pfifferlinge dazugeben, gut vermischen, pfeffern und zum Schluss mit gehackter Petersilie bestreuen.

Die Mischung zu den Tauben in den Dutch Oven geben und 15 Minuten fertig dünsten. Mit Bauernbrot servieren und einen Dornfelder dazu trinken.

FASAN MIT BAMBERGER KARTOFFELN

Ein Fasan lässt sich fast besser im Dutch Oven braten als zu Hause in einem normalen Küchenherd. Für mehrere Personen 2 Fasane in einem 16-Inch-Dutch-Oven zubereiten.

Für 4 Personen:

1	*junger Hahn*
750 g	*Bamberger Kartoffeln*
100 g	*milder Frühstücksspeck*
1	*Zwiebel*
2 EL	*getrocknete Steinpilze*
1/4 l	*Riesling*
1 Tasse	*Hühnerbrühe*
	getrockneter Majoran
1 Bund	*Schnittlauch*
	Salz, Pfeffer aus der Mühle
	Butterschmalz

Den Hahn rupfen, ausnehmen, gut waschen und trockentupfen. Die Kohlebriketts anbrennen. Den Fasan innen salzen und mit Majoran ausstäuben. Mit einer halbierten Zwiebel füllen und die Keulen mit dem Bürzel zusammenbinden. Die getrockneten Steinpilze in Weißwein einweichen

Den Speck in Streifen schneiden, in einem 12-Inch-Dutch-Oven mit 10 Briketts unter dem Topf anbraten, herausnehmen und in Folie einwickeln. Den Fasan mit Butterschmalz von allen Seiten anbraten, mit Salz und Pfeffer würzen, die Steinpilze, Brühe und Wein dazugeben. 18 Briketts auf den Deckel setzen, den Hahn etwa 2 Stunden fertig dünsten und von Zeit zu Zeit übergießen.

Die Bamberger Kartoffeln gut waschen und schrubben und nach einer Stunde dazugeben.
5 Minuten vor Ende der Garzeit die Speckstreifen über den Kartoffeln verteilen und zum Schluss mit Schnittlauch bestreuen.
Dazu passt ein eleganter Riesling.

FASANE AUF WEISSKRAUT

Für 4 Personen:

1½	*junge Fasane*
350 g	*durchwachsener Räucherspeck*
2 kg	*Weißkraut*
4	*Zwiebeln*
¼ l	*Weißwein*
1 Tasse	*Hühnerbrühe*
200 g	*Sahne*
½ Bund	*frischer Thymian*
3	*rote Chilis*
	Salz, Pfeffer aus der Mühle
	Butterschmalz

Kohlebriketts auf einem Rost anbrennen, bis eine gleichmäßige Glut erreicht wird.

Den Fasanen die Haut mit dem Gefieder abziehen, vierteln, überschüssiges Fett abschaben, gut waschen und trockentupfen. Einen 12-Inch-Dutch-Oven auf die Glut stellen und die Fasanstücke von beiden Seiten in Butterschmalz anbraten. Anschließend den Topf zur Seite stellen, die Fasanstücke herausnehmen und mit Salz und Pfeffer würzen.

9 Briketts unter den Topf schieben, die Zwiebeln in Ringe schneiden, den Speck in Streifen schneiden und zusammen anbraten. Den Strunk vom Weißkraut entfernen und das Kraut in Streifen schneiden. Zu den Zwiebeln und den Speckstreifen geben, gut vermischen, salzen und mit Weißwein und Brühe ablöschen. Den Thymian und die Chilis dazugeben und kurz andünsten.

Die Hälfte der Mischung aus dem Topf nehmen, die Fasanstücke hineinlegen, mit dem restlichen Kraut bedecken und den Topf verschließen. 15 Briketts auf den Deckel legen und das Gericht etwa 1¼ Stunden fertig dünsten. Den Thymian und die Chilis entfernen und die Sahne einrühren. Von Zeit zu Zeit Briketts nachlegen und die Fasanstücke von unten auf das fertige Kraut legen. Dazu passt ein Weißburgunder.

WILDENTEN AUF LINSEN

Für 4 Personen:

2	*Stockenten*
300 g	*durchwachsener Räucherspeck*
400 g	*Tellerlinsen*
5	*Zwiebeln*
3/4 l	*Hühnerbrühe*
1/2 Bund	*Thymian*
5	*kleine rote Chilis*
	Salz, Pfeffer aus der Mühle
	Öl

1 1/2 kg Kohlebriketts anbrennen. Die Enten gut waschen, trockenzupfen und die Fettdrüsen am Bürzel entfernen. Jeweils innen salzen und mit Thymian und einer halbierten Zwiebel füllen.

Auf der Glut die Enten in einem 12-Inch-Dutch-Oven von allen Seiten anbraten, bis sie Farbe annehmen. Die Enten aus dem Topf nehmen und das überschüssige Fett abschöpfen. Die restlichen Zwiebeln hacken und den Speck in Streifen schneiden. Mit 10 Briketts unter dem Topf zusammen anbraten, bis die Zwiebeln glasig werden. Die gewaschenen Linsen und die Chilis dazugeben, gut vermischen und mit der Brühe ablöschen.

Die Enten gut salzen und pfeffern, auf die Linsen legen und den Topf mit dem Deckel verschließen. 18 Briketts darauf legen und 1 Stunde und 20 Minuten fertig dünsten. Von Zeit zu Zeit mit Brühe übergießen und einen Silvaner Kabinett dazu trinken.

GEFÜLLTE WILDGANS

Für dieses Rezept muss man unbedingt eine junge Gans nehmen, am besten eine Graugans, die etwas kleiner ist als eine Kanadagans und nach meiner Erfahrung etwas zarter im Fleisch. Die Gans braucht nicht angebraten zu werden, da sie während des Garens von allein bräunt.

Für 4 Personen:

1	*junge Graugans mit Leber*
250 g	*Gehacktes vom Schwein*
100 g	*durchwachsener Räucherspeck*
3	*Zwiebeln*
100 g	*Champignons*
1	*Ei*
½ Bund	*Petersilie*
1 Scheibe	*Sellerie*
1 Stange	*Lauch*
2	*Karotten*
4	*Petersilienwurzeln*
einige	*kleine rote Chilis*
½ l	*Hühnerbrühe*
	gerebelter Majoran
	Salz, Pfeffer aus der Mühle
	Gänseschmalz

Die Gans gut waschen und trockentupfen. Das Hackfleisch mit einer gehackten Zwiebel, dem in Würfel geschnittenen Speck, 50g in Scheiben geschnittenen Champignons und einem Ei in eine Schüssel geben.

Die Gänseleber fein hacken und dazugeben. Mit Petersilie, Salz, Pfeffer und Majoran würzen und gut vermengen.

Die Gans innen salzen und mit der Mischung füllen, allerdings nicht zu prall, da die Haut sonst platzt. Mit einem kleinen Spieß verschließen und von allen Seiten gut salzen und pfeffern. Den Boden eines 16-Inch-Dutch-Oven mit Gänseschmalz leicht einfetten und die Gans mit der Brust nach oben hineinlegen. Dabei darf sie die Innenseite des Deckels nicht berühren. Das Gemüse in große Stücke schneiden und mit ¼ l Hühnerbrühe dazugeben.

3 kg Kohlebriketts anbrennen, bis die Glut grau wird. 10 Stück unter den Dutch Oven und 20 auf den Deckel legen. Die Mitte des Deckels frei lassen, damit die Brust nicht zu viel Hitze abbekommt. Die Gans 2½ Stunden dünsten lassen und von Zeit zu Zeit mit Brühe übergießen. Tranchieren und mit der Füllung und dem Gemüse servieren.
Dazu passt am besten eine Spätburgunder-Spätlese.

KANINCHENKEULEN AUF FENCHELGEMÜSE

Kaninchenkeulen schmecken auch sehr gut mit Mittelmeergemüse (s. S. 101).

Für 4–5 Personen:

5	*Kaninchenkeulen*
1200 g	*Fenchel*
200 g	*Sahne*
½ Tasse	*Hühnerbrühe*
18	*Kapernfrüchte (oder 1 EL Kapern)*
4	*rote Chilis*
	Salz
	Butterschmalz

Die Keulen enthäuten, den Fenchel in Scheiben schneiden und die Briketts anbrennen.

10 Briketts unter einen 12-Inch-Dutch-Oven schieben, die Keulen mit Butterschmalz von beiden Seiten anbraten, salzen und auf einen Teller legen. Das Gemüse kurz anbraten, die Brühe, die Sahne, die Chilis und die Kapernfrüchte dazugeben. Die Keulen auf das Gemüse legen, mit dem Deckel verschließen, 16 Briketts darauf legen und 40 Minuten fertig dünsten. Dazu passt ein Riesling Classic.

FRISCHLINGSKEULE „TEX-MEX“

Dazu passen auch weiße Bohnen oder rote Kidneybohnen.

Für 6–8 Personen:

1	*Frischlingskeule von 2 kg*
200 g	*milder Frühstücksspeck*
1 kg	*Borlotti-Bohnen aus der Dose*
400 g	*Pizzatomaten*
3	*Zwiebeln*
4 Stangen	*Sellerie*
je 1	*roter und gelber Paprika*
7	*rote Chilis*
	Majoran
½ l	*Fleischbrühe*
	Salz, Pfeffer aus der Mühle
	Öl

Ein Kaminholzfeuer herunterbrennen lassen. Die Zwiebeln grob hacken und den Sellerie in Scheiben schneiden. Im Dutch Oven oder Kessel mit etwas Öl anbraten, herausnehmen, leicht salzen und in einer Schüssel zur Seite stellen.

Die Keule mit Salz und Pfeffer würzen, von beiden Seiten anbraten, mit Frühstücksspeck belegen, die Brühe dazugießen und zugedeckt 2 ½ Stunden dünsten lassen. Dabei den Deckel mit Glut bedecken und von Zeit zu Zeit Holz dazulegen. Eventuell Brühe nachgießen.

Die zwei Paprika in Rauten schneiden. Den Braten auf ein Brett legen, den Frühstücksspeck abnehmen und mit Alufolie zudecken. Den Speck in Streifen schneiden und zusammen mit den Bohnen, Zwiebeln, Pizzatomaten, Chilis und Majoran in den Kessel geben. Die Flüssigkeit leicht reduzieren. Den Braten mit den Paprikarauten zurück in den Kessel geben, etwa 15 Minuten zugedeckt fertig dünsten und einen Grauburgunder dazu trinken.

WILD-SCHWEINCHILI

Chili schmeckt am besten aufgewärmt. Man sollte das Gericht z. B. am Nachmittag zubereiten und nach dem Ansitz am Abend aufwärmen.

Für 4 Personen:

700 g	*Gehacktes aus der Keule*
250 g	*durchwachsener Räucherspeck*
3	*Zwiebeln*
½ Stange	*Lauch*
1	*roter Paprika*
400 g	*Pizzatomaten aus der Dose*
600 g	*rote Kidneybohnen aus der Dose*
2	*Tassen Fleischbrühe*
4–5	*rote Chilis*
2	*Zehen Knoblauch (wenn Sie ihn mögen)*
½ Bund	*Thymian,*
½ Bund	*Majoran*
	das Grüne von 1 Bund Lauchzwiebeln
	Salz
	Schweineschmalz

Die Zwiebeln grob hacken, den Lauch in Scheiben und den Speck in Streifen schneiden. Einen 10-Inch-Dutch-Oven auf die Glut stellen, den Speck mit etwas Schmalz anbraten, aus dem Topf nehmen und zur Seite stellen. Die Zwiebeln und den Lauch anbraten, das Gehackte dazugeben und gut vermischen.

Die Tomaten dazugeben und mit der Brühe ablöschen. Mit Salz, Knoblauch, Thymian, Majoran und den Chilis würzen und mit dem Deckel verschließen. Mit 8 Briketts darunter und 13 auf dem Deckel 1½ Stunden köcheln lassen.

Den Paprika in Rauten schneiden und mit den Bohnen und dem Speck dazugeben und für weitere 10 Minuten köcheln lassen. Von Zeit zu Zeit Briketts dazulegen. Zum Schluss das Grüne von den Lauchzwiebeln in Röllchen schneiden und darüber streuen. Dazu einen Schwarzriesling trinken.

WILDSCHWEIN-RÜCKEN MIT KÜMMEL-KARTOFFELN

Einen passenden Braten von dem hinteren Stück mit einer Knochensäge abtrennen. Das Fleisch des übrigen Stückes auslösen und als Steaks verwerten. Die Filets von unter dem Rückgrat ebenfalls auslösen und getrennt zubereiten.

Für 6 Personen:

3½ kg	*Wildschweinrücken mit Knochen (von einer 50-kg-Sau)*
1 kg	*mittelgroße, neu, festkochende Kartoffeln*
1 Stange	*Lauch*
1	*kleine Sellerie Knolle mit Stangen*
3	*Karotten*
4	*Zwiebeln*
2	*Tassen Fleischbrühe*
	scharfer Senf
4 TL	*grüner Pfeffer*
	Kümmel
½ Bund	*Oregano (oder Majoran)*
	Salz, Pfeffer aus der Mühle
	Öl zum Braten

Kohlebriketts anbrennen.

Die Zwiebeln grob hacken, den Sellerie schälen und in Würfel schneiden, den Lauch, die Karotten und einige grüne Selleriestangen in Scheiben schneiden. Das Gemüse in einem 16-Inch-Dutch-Oven mit Öl anbraten und leicht salzen.

In der Zwischenzeit den Rücken unten salzen, die Oberseite mit Senf bestreichen und mit Salz und Pfeffer würzen. Den Braten und den Oregano in den Dutch Oven legen, die Brühe dazugießen, den grünen Pfeffer über das Gemüse verteilen und mit dem Deckel verschließen. Mit 12 Briketts darunter und 24 darauf 1 Stunde und 50 Minuten braten. Dabei von Zeit zu Zeit mit der Sauce übergießen. Zwischendurch zusätzliche Kohlebriketts anbrennen und nachlegen.

Die Kartoffeln waschen, halbieren, die Schnittfläche salzen und in Kümmel tauchen. Den Boden eines Dutch Ovens von 12“ Durchmesser mit Öl bedecken, die Kartoffeln mit der Kümmelseite nach unten hineinlegen und mit dem Deckel verschließen. Für die letzten 25 Minuten der Garzeit den Kartoffeltopf auf den großen Dutch Oven stellen und 15 Briketts auf den Deckel geben.

Das Fleisch vom Knochengerüst auslösen, in Scheiben schneiden und mit dem Gemüse und den Kümmelkartoffeln auf einer Platte servieren. Dazu passt an besten ein Grauburgunder.

KLASSISCHER REHRÜCKEN

Für 6 Personen:

1	*Rehrücken*
100 g	*milder Frühstücksspeck*
1 kg	*kleine neue Kartoffeln*
850 g	*Karotten*
250 g	*kleine grüne Bohnen*
18	*Schalotten*
400 cl	*Fleischbrühe*
2 EL	*getrocknete Steinpilze*
10	*Wacholderbeeren*
1	*gepresste Zehe Knoblauch*
	Salz, Pfeffer aus der Mühle
	Butterschmalz

Die innere Haut vom Rehrücken entfernen, die Schalotten schälen, die Karotten walzenförmig schneiden, die Kartoffeln waschen,

die Bohnen putzen und blanchieren, sodass sie noch etwas Biss haben. Die Briketts anbrennen.

12 Briketts unter einen 16-Inch-Dutch-Oven schieben. Den Speck mit etwas Butterschmalz darin braten und auf einen Teller legen. Anschließend die Schalotten braten und auch zur Seite stellen. Die Karotten anbraten und zu den Kartoffeln geben.

Den Rehrücken von beiden Seiten salzen, das Fleisch mit Knoblauch und gehacktem Wacholder bestreichen, pfeffern, in den Dutch Oven legen und mit Butterschmalz übergießen. Die Steinpilze und die Brühe dazugeben. Mit dem Deckel verschließen, 30 Briketts darauf legen und 1/2 Stunde braten.

Die Kartoffeln und die Karotten dazugeben und eine 1/2 Stunde weiterbraten. Wenn nötig, Briketts noch dazu legen. Zum Schluss für 5 Minuten die Bohnen, die Schalotten und den Speck hineingeben. Das Fleisch vom Gerüst abschneiden, in Scheiben schneiden und mit dem Gemüse im Topf servieren. Dazu passt eine Spätburgunder-Spätlese.

Wenn Sie den Knoblauch zu profan für einen eleganten Rehrücken finden, können Sie ihn auch weglassen, aber so ein kleiner Hauch, der nachher kaum wahrzunehmen ist, gibt dem Braten einen besonders feinen Geschmack.

HIRSCHRÜCKEN AUF BURGUNDER ART

Für 6 Personen:

1 kg	*ausgelöster Hirschrücken*
300 g	*durchwachsener Räucherspeck*
200 g	*Champignons*
20	*Schalotten*
½ Stange	*Lauch*
1	*Karotte*
3 kleine	*Petersilienwurzeln*
3	*Peperoni*
1 Tasse	*Fleischbrühe*
¼ l	*Rotwein*
½ Bund	*Majoran*
	Salz, Pfeffer aus der Mühle
	Öl, Butterschmalz

Die Kohlebriketts anbrennen, die Innere Haut vom Hirschrücken entfernen und das Fleisch in Scheiben schneiden. Den Speck in Streifen schneiden, die Champignons und die Schalotten putzen und das restliche Gemüse in große Stücke schneiden.

In einem 12-Inch-Dutch-Oven über der Glut den Speck in etwas Öl anbraten, aus dem Topf nehmen und auf Küchenkrepp abtropfen lassen. Die Schalotten auf allen Seiten anbraten und zur Seite stellen. Etwas Butterschmalz dazugeben, die Champignons auch anbraten, zu den Schalotten geben und mit Salz und Pfeffer würzen.

Die Fleischstücke von beiden Seiten anbraten, den Lauch, die Karottenstücke, die Petersilienwurzeln, die Peperoni und den Majoran dazugeben. Salzen, pfeffern und mit Brühe und Rotwein ablöschen. Mit dem Deckel verschließen und mit 9 Briketts unter dem Topf und 15 Stück auf dem Deckel 30 Minuten fertig dünsten. Für die letzten 5 Minuten den Speck und die Schalotten dazugeben, den Majoran entfernen und im Topf servieren. Dazu kann man natürlich nur einen Spätburgunder nehmen.

RENKEN IM SPECKMANTEL

Für 5 Personen:

5	*Renken*
250 g	*Schalotten*
400 g	*milden Frühstückspeck (Bacon)*
1 kg	*Tomatenfleisch aus der Dose*
1 Bund	*Rosmarin*
	Salz, Pfeffer aus der Mühle
	Öl

Kohlebriketts anbrennen.

Die Renken innen salzen und mit etwas Rosmarin füllen. Außen nur leicht salzen und mit Speck umwickeln.

Die Schalotten in Scheiben schneiden, mit etwas Öl in einem Dutch Oven von 16" glasig braten. Das Tomatenfleisch dazugeben und gut vermischen. Die Fische darauf legen und zugedeckt 15–20 Minuten fertig dünsten mit 12 Briketts unter dem Oven und 24 auf dem Deckel. Dazu einen Riesling Selection trinken.

DIESES GERICHT KANN NATÜRLICH AUCH MIT FORELLEN ZUBEREITET WERDEN.

QUICHE MIT ZANDER & EDELKREBSEN

Im Dutch Oven kann man ohne weiteres auch sämtliche klassischen Quichegerichte backen.

Für 4 Personen:

200 g	*Zanderfilet*
150 g	*Krebsfleisch*
75 g	*frisch geriebener Emmentaler*
2	*Eier*
2	*Eigelb*
1 1/2 Tassen	*Sahne*
1/2 Bund	*Schnittlauch*
	Salz, weißer Pfeffer
	Butter

Für den Teig:

250 g	*Mehl*
2 EL	*frisch geriebener Parmesan*
170 g	*kalte Butter*
1	*Ei*
1 EL	*Milch*
	Prise Salz

Für den Teig die Butter in Würfel schneiden, mit Mehl zwischen den Fingern reiben, Salz, Parmesan, Ei und Milch dazugeben, gut vermischen, kneten und 1 Stunde an einem kühlen Ort ruhen lassen.

Die Kohlebriketts anbrennen, den Fisch in Stücke schneiden und das Krebsfleisch auf Küchenkrepp abtropfen lassen. Die Eier und das Eigelb mit der Sahne verquirlen und mit Salz und Pfeffer würzen.

Eine Quicheform von 24 cm Durchmesser mit etwas Butter einfetten, den Teig ausrollen, mithilfe des Nudelholzes die Form damit füttern und die überhängenden Ränder abrollen. Den geriebenen Emmentaler auf dem Teigboden verteilen, die Fischstücke salzen, darauf legen und die Hälfte der Krebsschwänze dazugeben. Mit der Eier-Sahne-Mischung auffüllen und dabei einen Teigrand von 5 mm frei stehen lassen.

Die Quiche auf einen Untersetzer in einem 12-Inch-Dutch-Oven stellen. Die 12 Briketts darunter schieben und mit 18 Stück auf dem Deckel 1 Stunde backen. Nach etwa 1/2 Stunde, wenn die Eiercreme noch weich ist, aber zu stocken beginnt, mit Schnittlauch bestreuen und das restliche Krebsfleisch darüber verteilen. Die fertige Quiche mit noch etwas Schnittlauch bestreuen und warm oder kalt mit einer trockenen Riesling-Spätlese servieren.

WILD & FISCH-PAELLA

Für 4 Personen:

4	*Edelkrebse*
400 g	*Edelkrebsfleisch*
3	*Wachteln*
4	*Rippen vom Frischling*
1	*Zander von 1½ kg*
1	*Saibling von 1½ kg*
4	*Zwiebeln*
400 g	*Tomatenfleisch aus der Dose*
5 Tassen	*Reis*
1¼–1½ l	*Hühnerbrühe*
150 g	*breite grüne Bohnen*
100 g	*gefrorene Erbsen*
2	*rote Paprika*
1 Döschen	*Safran*
	Kümmel
	Dill
	Salz, Pfeffer
	Öl

Die Fische filetieren und in Scheiben schneiden, die Wachteln halbieren. Die Bohnen und die Paprika in Rauten schneiden, die Zwiebeln hacken.

Die Kohlebriketts anbrennen. Die Bohnen in einem Topf mit Salzwasser bissfest blanchieren, abschrecken und abtropfen lassen. Die Edelkrebse mit dem Kopf zuerst in das Salzwasser geben und mit etwas Kümmel und Dill zehn Minuten kochen.

20 Briketts unter einen 16-Inch-Dutch-Oven schieben und die Wachteln von beiden Seiten in Öl anbraten. Aus dem Topf nehmen, salzen und pfeffern. Die Rippen in den Topf geben und von allen Seiten anbraten. Eine halbe Tasse Brühe hineingeben und die Rippen dünsten, bis die Flüssigkeit verdampft ist. Die Zwiebeln dazugeben, glasig braten und anschließend mit dem Tomatenfleisch vermischen. Mit Salz und Pfeffer würzen.

Den Reis und den Safran hineinrühren, mit Brühe ablöschen. Unter ständigem Rühren 20 Minuten dünsten und immer wieder Brühe dazugießen. Die Wachteln und die Paprikarauten dazugeben, für weitere 20 Minuten dünsten und wieder Brühe nachgießen.

Wenn der Reis fast fertig ist, das Krebsfleisch, die Erbsen und die grünen Bohnen dazumischen, die Fischstücke salzen und pfeffern und darauf legen. Mit dem Deckel verschließen und 20 Briketts darauf legen. Etwa 15 Minuten fertig dünsten und mit den Edelkrebsen servieren. Dazu passt eine trockene Riesling-Spätlese.

KARPFENKNUSPER

Für 4 Personen:

2	*Karpfen à 1 kg*
2	*Eier*
	Mehl
	Salz, weißer Pfeffer
2 l	*Öl zum Frittieren*

Sauce Tartare:

	Mayonnaise von 3 Eiern
4 EL	*fein gehackte Zwiebeln*
4 EL	*fein gehackte Cornichons*
1½ El	*fein gehackte Kapern*
2	*gehackte hart gekochte Eier*
1 Bund	*Schnittlauch*
3 EL	*gehackte Petersilie,*
	Salz, weißer Pfeffer

Die Kohlebriketts anbrennen.

Die Mayonnaise (siehe Forellenfilets mit blanchiertem Gemüse, S. 81) mit den restlichen Zutaten vermischen und mit Salz und Pfeffer abschmecken.

Die Karpfen filetieren, die Haut der Filets abziehen und in Streifen schneiden. Die Eier verquirlen, die Filets salzen und pfeffern, in Mehl und Ei wenden. Das Öl in einem 10-Inch-Dutch-Oven mit 10 Briketts erhitzen und die Filets in mehreren Durchgängen in schwimmendem Öl knusprig braten. Dazu einen Riesling Classic trinken.

MAKRELEN MIT STACHELBEERSAUCE

In Frankreich ist dieses Gericht ein Klassiker und Stachelbeeren heißen sogar *groseilles a maquerau!* Bei den größeren Atlantik-Makrelen passen gerade vier in den Dutch Oven und brauchen eine fünf Minuten längere Garzeit.

Für 6 Personen:

6	*kleine Makrelen*
750 g	*Stachelbeeren*
2 EL	*rote Johannisbeeren*
100 g	*Sahne*
	Salz, weißer Pfeffer
	Zucker
	Butterschmalz

Die Kohlebriketts anbrennen, die Stachelbeeren putzen, je nach Reife zuckern und in einem 16-Inch-Dutch-Oven mit 14 Briketts darunter leicht anbraten. Die Makrelen gut waschen und innen und außen salzen und pfeffern. Die Fische zu den Stachelbeeren geben, mit etwas zerlassenem Butterschmalz übergießen und mit dem Deckel verschließen. 20 Briketts darauf legen und 20 Minuten braten.

Die Sauce mit Sahne abschmecken, eventuell mit einigen Johannisbeeren bestreuen und einen Chardonnay dazu genießen.

DER DUTCH OVEN IM EINSATZ.

MAKRELEN UND STACHELBEEREN GEHÖREN ZUSAMMEN

AUS DEM WOK

WILDSCHWEIN-FILETS MIT GEMISCHTEM GEMÜSE

Für 2 Personen:

	die Filets von einem Überläufer (die echten von unter dem Rückgrat)
2	*Zwiebeln*
3	*Stangen Staudensellerie*
1	*dünne Stange Lauch*
2	*Karotten*
100 g	*blanchierte, kleine, grüne Bohnen*
100 g	*Bohnensprossen*
½ Tasse	*Fleischbrühe*
3 EL	*Soja-Sauce*
6 rote	*Chilis*
	Salz
	Öl

Die Haut an den Enden der Filets entfernen und sie in Scheiben schneiden. Die Zwiebeln grob hacken, den Lauch, die Karotten und den Sellerie in Scheiben schneiden.

Öl im Wok über einem Holzfeuer erhitzen, die Fleischstücke von beiden Seiten anbraten, aus der Pfanne nehmen, salzen und warm halten. Die Zwiebeln, Karotten, Lauch, Sellerie und Chilis kurz anbraten und mit Brühe und Sojasauce ablöschen. Leicht salzen, kurz dünsten, die Bohnensprossen und die blanchierten Bohnen dazugeben. Die Fleischstücke darauf legen und fertig dünsten. Dazu würde ein Kerner gut passen.

WILDENTE MIT ORANGENSAUCE

Für 2 Personen:

	die ausgelösten Brüste von 1 Stockente
125 g	*Kaiserschoten*
1	*gelber Paprika*
2	*Petersilienwurzeln*
12	*Kumquats*
4 rote	*Chilis*
1 Tasse	*Hühnerbrühe*
1 Gläschen	*Orangenlikör*
	Salz
	Öl zum Braten

Den gelben Paprika in Streifen und die Petersilienwurzeln in dünne Scheiben schneiden.

Die Brüste salzen und mit der Hautseite nach unten im Wok über einem Holzfeuer kross braten, wenden, die Innenseiten auch anbraten und aus der Pfanne nehmen. Das Fleisch in Scheiben schneiden und warm halten.

Das Gemüse und die Chilis anbraten, salzen und mit der Brühe ablöschen. Unter ständigem Rühren kurz dünsten. Zum Schluss den Likör und das Entenfleisch dazugeben und einen Weißherbst dazu trinken.

WILDENTE MIT ORANGENSAUCE GEHÖRT EINFACH IN DEN WOK.

SÜSS-SAURE BARSCHFILETS

Für 2 Personen:

400 g	*Barschfilets*
10	*Grillzwiebeln (oder Schalotten)*
1 Tasse	*Hühnerbrühe*
1 1/2 EL	*Zucker*
1 1/2 EL	*Weinessig*
3	*Nelken*
5	*kleine rote Chilis*
1 Bund	*Basilikum*
	Salz
	Butterschmalz

Die Barschfilets im Wok über einem Holzfeuer mit Butterschmalz von beiden Seiten braten, herausnehmen, salzen und warm halten. Anschließend die Grillzwiebeln braten, herausnehmen, auch salzen und warm halten.

Den Bratensatz mit der Brühe ablöschen, den Essig, den Zucker, die Chilis und die Nelken dazugeben und leicht reduzieren. Die Fischstücke und die Zwiebeln wieder dazugeben, die gezupften Basilikumblätter in Streifen schneiden und darüber streuen. Dazu passt ein Bacchus Kabinett.

AAL IN TOMATENSAUCE

Für 2 Personen:

1	*Aal von 600–700 g*
3	*Lorbeerblätter*
400 g	*Tomatenfleisch*
1/2	*Zwiebel*
1 Stange	*Sellerie*
1/2 Tasse	*Hühnerbrühe*
1	*Rosmarinzweig*
1/2 TL	*Sambal Oelek*
	(Paste aus spanischem Pfeffer)
	Salz
	Olivenöl zum Braten

Den Aal mit Salz abreiben, und vollständig ausnehmen, also bis zum Aalpfropfen. Den Kopf und das Schwanzstück abschneiden, gut waschen und in Scheiben von 3 cm schneiden. Salzen und 2 Stunden stehen lassen. Die Zwiebel hacken, die Selleriestange in Scheiben schneiden und die Rosmarinblätter abzupfen.

Das Öl im Wok über einem Holzfeuer erhitzen, die Aalstücke mit den Lorbeerblättern von beiden Seiten anbraten, herausnehmen und warm halten. Die Lorbeerblätter entfernen.

Die gehackte Zwiebel und die Selleriescheiben anbraten, das Tomatenfleisch dazugeben, salzen und den Sambal Oelek einrühren. Mit Brühe ablöschen und leicht reduzieren. Die Aalstücke dazugeben, die Rosmarinblätter darüber streuen und kurz fertig dünsten. Dazu einen halbtrockenen Weißburgunder trinken.

ZANDER MIT THAISPARGEL

In der Spargelzeit kann man natürlich normale grüne Spargelspitzen nehmen.

Für 2 Personen:

300 g	*Zanderfilet*
250 g	*Thaispargel*
1 roter	*Paprika*
½	*Zwiebel*
1	*Zitrone*
2	*Eiweiß*
4 EL	*Stärke*
½ Tasse	*Gemüsebrühe*
1½ EL	*Thaifischsauce*
	Salz, roter Pfeffer
	Öl

Den Fisch in Stücke schneiden, die Enden vom Spargel abschneiden, die Zwiebel fein hacken, den Paprika in Rauten schneiden und das Eiweiß halbsteif schlagen.

Die Fischstücke mit Zitronensaft beträufeln, salzen, zuerst in Stärke und dann in Eiweiß wenden. Reichlich Öl im Wok über einem Holzfeuer erhitzen, den Fisch von beiden Seiten anbraten, aus der Pfanne nehmen und warm halten. Etwas Öl abschöpfen, den Spargel und den Paprika anbraten, dann mit Brühe und Fischsauce ablöschen. Kurz dünsten, die gehackten Zwiebeln darüber streuen, die Fischstücke darauf legen, fertig dünsten und mit zerstoßenem rotem Pfeffer bestreuen. Zu Spargel trinkt man am besten immer einen Silvaner.

NACHSPEISEN

HOLUNDERBLÜTENKÜCHERL

Für 6 Personen:

20	*Holunderblüten*
250 g	*Mehl*
5 g	*Trockenhefe (1/2 Tüte)*
2	*Eigelb*
2	*Eiweiß*
2 EL	*Zucker*
1/4 l	*Weißwein*
50 g	*zerlassene Butter*
2 Prisen	*Salz*
1 1/2 l	*Öl*
	Puderzucker

Zucker, Salz und Eigelb mit dem Schneebesen vermischen, das Mehl, den Weißwein und die Hefe dazugeben und zum Schluss die zerlassene Butter einrühren. Eine halbe Stunde stehen lassen und dann das steif geschlagene Eiweiß einrühren.

In der Zwischenzeit die Briketts anbrennen lassen und anschließend das Öl in einen 12-Inch-Dutch-Oven füllen und darauf stellen, um genügend Hitze zu erreichen. Wenn ein Tropfen Wasser darin zischt, ist es gerade richtig. Die Blüten jeweils am Stiel in den Teig eintauchen und im heißen Öl ausbacken. Auf Küchenkrepp abtropfen lassen, mit Puderzucker bestreuen und dazu Kompott servieren.

KAISERSCHMARRN

Kaiserschmarrn soll man nicht in zu großen Mengen in einer Pfanne zubereiten. Eventuell in einer kleineren Pfanne in zwei Durchgängen braten.

Für 2–3 Personen:

3 EL	*Rosinen*
3 EL	*Riesling Auslese*
3	*Eier*
1/2 Tasse	*Zucker (50 g)*
1 Prise	*Salz*
1 volle Tasse	*Milch (1/4 l)*
1 gehäufte Tasse	*Mehl (125 g)*
1 Tüte	*Vanillezucker*
	Butterschmalz
	Butter
	Puderzucker

Die Rosinen eine halbe Stunde in dem Wein einweichen. Die Eier, den Zucker und das Salz mit dem Schneebesen schlagen, Vanillezucker und Milch dazugeben und das Mehl nach und nach hineinschlagen.

Butterschmalz in einer großen Pfanne erhitzen, den Teig hineingießen und auf der unteren Seite goldgelb braten. Den Teig vierteln, wenden und in Stücke teilen. Die Rosinen abtropfen lassen und mit einem Stück Butter dazugeben. Fertig braten, mit Puderzucker bestreuen und mit Preiselbeeren oder Zwetschgenkompott servieren.

MARINIERTE PFIRSICHE MÜSSEN, WEGEN DES ALKOHOLS, MIT DER GEBOTENEN VORSICHT VERZEHRT WERDEN.

MARINIERTE PFIRSICHE

Für 4 Personen:

1 kg	*weiße Pfirsiche*
	Saft von 1 Zitrone
	Puderzucker
1/2 Flasche	*Scheurebe Kabinett*
1 Flasche	*Rieslingsekt trocken*

Die Pfirsiche halbieren, entkernen, schälen und in Scheiben schneiden. Mit Puderzucker bestreuen und mit Zitronensaft und Wein übergießen. Eine Stunde zugedeckt ziehen lassen, in Schalen servieren und mit Sekt aufgießen. Mit Zitronenmelisse dekorieren.

HIMBEEREN IN WEINGELEE

Für 6 Personen:

750 g	*frisch gepflückte Himbeeren (nicht aus dem Wald)*
	Puderzucker
75 cl	*Scheurebe Auslese*
3 Pakete	*gemahlene Gelatine*

Die Himbeeren, zuckern, aber nicht waschen! Die Gelatine mit etwas Wein aufquellen lassen, ein Glas Wein dazugießen und unter ständigem Rühren bei mäßiger Hitze über Glut auflösen, bis die Flüssigkeit ganz klar wird. Den restlichen Wein einrühren. Etwas flüssige Gelatine in eine Ringform gießen und in einem kalten Wasserbad gelieren lassen. Die Himbeeren in die Form geben, mit der restlichen Gelatine auffüllen, sodass sie bedeckt sind, und im kalten Wasserbad fest gelieren lassen.

Ein Wasserbad erhitzen, die Form kurz eintauchen und das Himbeergelee auf eine Platte stürzen.

TARTE MIT KIRSCHEN & APRIKOSEN

Eine Tarte schmeckt auch gut mit Äpfeln oder Zwetschgen. Bei Äpfeln etwas flüssige Aprikosenmarmelade darüber gießen.

Für 6 Personen:

400 g	*Kirschen*
400 g	*Aprikosen*
180 g	*Quark (20%)*
180 g	*kalte Butter*
200 g	*Mehl*
1 Prise	*Salz*
	Zucker

Die kalte Butter in Würfel schneiden und mit dem Quark in eine Schüssel geben, das Salz darüber streuen und mit einer Gabel gut vermengen. Das Mehl dazugeben und zu einem Kloß kneten. Kühl stellen und eine Stunde ruhen lassen. Die Kirschen entsteinen und die Aprikosen in Scheiben schneiden.

Die Kohlebriketts anbrennen, ein Blech von 24 cm Durchmesser mit Butter einfetten und den Teig ausrollen. Mit Hilfe des Nudelholzes das Blech damit füttern und die überhängenden Ränder abrollen. Den Teig mit den Früchten belegen, nach Geschmack zuckern und das Blech auf einen Untersetzer in einem 12-Inch-Dutch-Oven stellen. Mit dem Deckel verschließen, 12 Briketts darunter schieben, 18 auf den Deckel legen und die Tarte eine Stunde backen.

Warm oder kalt mit Crème double servieren.

APPLE PIE

Pies sind eine englische Spezialität, die sowohl mit Wildbret als auch mit Rhabarber, Pfirsichen, Zwetschgen oder Dörrobst zubereitet wird. Berühmt sind Rabbit oder Pigeon Pie sowie Apple and Blackberry Pie, aber das Klassische ist Apple Pie mit Zugabe von einer Mango, damit es nicht zu klassisch wird!

Für 4 Personen:

1 kg	*säuerliche Äpfel*
1	*Mango*
	etwas Zitronensaft
2 EL	*Rosinen*
6	*Gewürznelken*
180 g	*Quark (20%)*
180 g	*kalte Butter*
200 g	*Mehl*
	Prise Salz, Zucker
	Crème double (oder Sahne)

Die Butter in Würfel schneiden und mit dem Quark in eine Schüssel geben, das Salz darüber streuen und mit einer Gabel gut vermengen. Das Mehl dazugeben, zu einem Kloß kneten, mit etwas Mehl bestäuben und an einem kühlen Ort eine Stunde ruhen lassen.

Die Kohlebriketts anbrennen. Die Äpfel schälen, in Stücke schneiden und in kaltem Wasser aufbewahren. Die Mango schälen, das Fleisch vom Kern lösen und in Würfel schneiden. In eine Quicheform von 24 cm Durchmesser geben, zusammen mit den Apfelstücken. Die Nelken und die Rosinen darüber verteilen, mit Zitronensaft beträufeln und nach Geschmack zuckern.

Den Teig ausrollen, mehrere 3 cm breite Streifen davon abschneiden, rundherum auf den Rand der Form drücken und mit Wasser bepinseln. Einen Kreis etwas größer als die Form ausschneiden und mithilfe des Nudelholzes darauf legen. Die Ränder andrücken und mit einer Schere den überstehenden Teig abschneiden. Dabei soll der Deckel 1 cm

über den Rand stehen. In der Mitte zwei Dampfschlitze ausschneiden, den Deckel mit Wasser einpinseln, zuckern und auf einen Untersetzer in einem 12-Inch-Dutch-Oven stellen. Mit 12 Briketts unter dem Topf und 16 auf dem Deckel 1–1 1/4 Stunden backen und jeweils mit einem Klecks Crème double servieren.

REGISTER

Bezugsadressen:

Emaillierte Kessel (14 l): Firma Peiga, 27711 Osterholz / Scharmbeck, Tel: 04791 / 3080.

Emaillierte Kessel und Dreibeine: Hudson's Bay Indian Trading Post, Wieshof 2, 93199 Zell, Tel: 09468 / 352.

Emaillierte Kessel (30 l), Dreibeine, Gusseisenpfannen und Dutch Ovens: Venatus Verlags GmbH, Köterei 15, 38108 Braunschweig, Tel: 0531 / 37 75 12.

IMPRESSUM

Umschlaggestaltung von eStudio Calamar, unter Verwendung einer Aufnahme von Francis Ray Hoff.

Mit 110 Farbfotos von Francis Ray Hoff

Bibliografische Information Der Deutschen Bibliothek
Die Deutsche Bibliothek verzeichnet diese Publikation in der Deutschen Nationalbibliografie; detaillierte bibliografische Daten sind im Internet über http://dnb.ddb.de abrufbar

Alle Angaben in diesem Buch erfolgen nach bestem Wissen und Gewissen. Sorgfalt bei der Umsetzung ist indes dennoch geboten. Der Verlag und der Autor übernehmen keinerlei Haftung für Personen-, Sach- oder Vermögensschäden, die aus der Anwendung der vorgestellten Materialien und Methoden entstehen könnten

Gedruckt auf chlorfrei gebleichtem Papier

ISBN 3-440-09806-0
Redaktion: Ben Boden
Produktion: Markus Schärtlein
Printed in Czech Republic / Imprimé en République tchèque

LODGE
DUTCH OVEN COOKING BASICS
WITH DIAN THOMAS